Jörg Zink
Auferstehung

Jörg Zink

Auferstehung

Und am Ende ein Gehen ins Licht

Kreuz

Für Gotthold Müller,
den Freund
und geistvollen Weggenossen

Inhalt

Ein offener Horizont

1

Alle Erfahrung stößt an eine Grenze

Viele Wege oder Fahrstraßen enden irgendwo und irgendwann. Die eine Straße findet ihr Ende an einem Verbotsschild: »Keine Durchfahrt«. Eine andere Straße oder Fahrspur verliert sich in der Weglosigkeit. In Wüsten habe ich das erlebt. Es mag auch geschehen, dass eine dritte plötzlich abbricht – auch das habe ich gesehen –, weil eine Brücke von einem Hochwasser weggerissen wurde. Die Straße endet vor einer strömenden Wasserflut.

Haben wir einmal angefangen, nach dem Ziel unserer Wege auf dieser Erde – und vielleicht darüber hinaus – zu fragen, so kann uns ein Verbotsschild nicht aufhalten. Wir werden weiter denken, auch wo man uns empfiehlt anzuhalten, wo etwa Überlieferungen oder Zeitmeinungen uns irgendein Halt zurufen. Wir nehmen dann in Kauf, dass wir irgendwo in der Weglosigkeit enden, aber Durchfahrverbote können wir nicht anerkennen.

Haben wir angefangen, über das Ziel unserer Wege auf dieser Erde – und vielleicht darüber hinaus – nachzudenken, so kann es uns geschehen, dass uns von einem bestimmten Punkt an nichts mehr zur Orientierung hilft, was wir gelernt haben, dass alle Spuren zurückbleiben und wir allein in einer unbekannten Landschaft weiterfahren und nur die Hoffnung, irgendwann irgendein Ziel zu finden, uns weiterhilft.

Vielleicht aber geschieht uns das Dritte: Man hat schon von dem großen Fluss gesprochen, »der am

Rande der Welt fließt«. Vielleicht stehen wir plötzlich vor einer breiten Wasserfläche, die uns das Ende unseres Nachdenkens anzeigt. Wir steigen aus dem Wagen. Er eignet sich nicht mehr. Wir treten an das Ufer, an dem unsere Straße in den Wassern versinkt, und gehen zu Fuß weiter. Wir setzen unseren Fuß aufs Wasser und setzen unseren Weg fort in dem Vertrauen, dass das Wasser tragen wird. Wir fassen den Mut, den wir als Glauben bezeichnen.

Über »Auferstehung« nachzudenken, kann uns niemand verbieten. Aufhalten kann es uns auch nicht, wenn sich vor unseren Augen alle überlieferten oder üblichen Wege verloren haben. Es erfordert aber am Ende das Vertrauen, dass das Wasser am Rande der Welt tragen wird. Dass es hinübertragen wird an ein anderes Ufer. »Wer glaubt«, sagt Jesus, »kann alles.«

Ein Leben lang ist es mir immer wieder begegnet, dass da plötzlich jemand stehen blieb und mich ansprach: »Sagen Sie! Ehrlich! Ist das alles? Kommt nichts mehr?« Oder: »Wissen Sie etwas? Glauben Sie es nur? Oder behaupten Sie nur, es zu glauben?«

Ich konnte und kann nur antworten: Nein. Ich weiß nichts. So genau, wie ich Sie sehe, weiß ich nichts. So nah, wie Sie vor mir stehen, sind mir die Geheimnisse zwischen Himmel und Erde nicht. Sie haben Recht: Ich glaube. Ich hoffe dringend, dass mein Glaube sich am Ende nicht als Selbsttäuschung erweist. Ich lebe mit meinem Herzen, mit meinem Verstand, mit allen Erfahrungen meines Lebens in einer bestimmten Richtung. Ich warte auf etwas. Ich lebe auf etwas zu. Wie wollen Sie es nennen? Ewigkeit? Licht? Auferstehung? Aber wissen wir beide denn, was solche Worte bedeuten? Bleiben sie uns nicht bis zuletzt rätselhaft?

Wir beide sind Menschen. Wir sind eingegrenzt auf das, was unsere Sinne uns zeigen und was unser Verstand denken kann. Und wohl uns, wenn sich uns an der Grenze, an der wir stehen bleiben, etwas zeigt. Wenn es sich zeigen sollte, dann wäre dies das Wichtigste, das uns in diesem Leben widerfahren könnte. Plötzlich wäre alles anders.

Was wir Menschen einander beweisen können, passt in einen Fingerhut. Unsere Welt ist eine ungeheure, eine grenzenlose, dunkle Weite, die wir mit dem kleinen Licht unseres Verstandes nicht erhellen, und es wird uns von ihr immer nur so viel fühlbar sein, als in uns selbst Raum ist für Fernes und Unbekanntes. Ich frage Sie also: Wie viel offener Raum ist in Ihnen? Wie viel sind Sie bereit, aus sich selbst auszuräumen, damit etwas von Ewigkeit, von Unendlichkeit, von Verborgenheit in Ihnen Raum findet? Ich frage natürlich auch mich selbst: Wie viel offener Raum ist in mir, der aufnehmen kann, was neu ist und anders und über das sich wirklich lohnt zu reden? Und ich kann nur antworten: Wenn ich mich weigern wollte, über mein hiesiges Leben hinauszuglauben, so schwände alles, was Sinn hätte, alles, was bleibenden Bestand und von mir selbst unabhängige Geltung beanspruchen könnte. Paulus meint: »Wenn keine Auferstehung wäre, dann wären wir Christen die betrogensten unter allen Menschen.« Wir hätten einen Glauben, der uns das Leben schwer macht, und mit dem Tode wäre auch dieser ungeeignete Glaube zu Ende.

Wenn wir Gedanken des christlichen Glaubens aufnehmen, dann tun wir das ein gutes Stück weit im Einklang mit den erdhaften Erfahrungen, die uns auf unserem Weg begegnen. Auch im Einklang mit dem, was wir »religiöse Erfahrung« nennen; und wir werden bemerken, dass diese religiöse Erfahrung weiterträgt, als unser landläufiges Christentum vermutet. Reden wir freilich von Auferstehung, dann meinen wir etwas, das uns keine Erfahrung anzeigt. Wir greifen über alles, was wir in dieser Welt sehen, erleben und deuten können, hinaus. Erfahren werden wir es erst, wenn wir unser enges, vorläufiges Menschenleben verlassen haben werden. Das heißt aber auch: Wenn wir alle Finsternisse von Leiden und Verlassenheit, von Kreuz und Tod durchschritten haben, werden wir uns im »großen Licht«, wie wir die andere Welt nennen können, wieder finden.

2

Die alte Frage: Was folgt dem Leben?

Das Thema Tod war lange Zeit etwas, das man nicht besprach. Das man umging. Das man im Ungenauen stehen ließ oder auf hundertfache Weise verbarg. Heute beschäftigen sich mit ihm und mit irgendeiner Hoffnung, die über ihn hinausgreift, wieder Millionen. Heute beschäftigt sich auch die Öffentlichkeit wieder freier mit ihm und stellt ihre Einzelfragen, aufgefächert in medizinische, soziale, psychologische, philosophische, juristische und am Ende theologische Zielrichtung.

Man betrachtet den Tod als Durchgang oder als Ende. Man sieht ihn als eine Naturgegebenheit an oder als Kulturtatsache. Man sieht ihn als etwas, das uns zustößt, oder als etwas, das wir verantworten. Man sieht ihn als etwas, das uns wie nichts anderes von den anderen isoliert, oder als etwas, das uns allen gemeinsam ist. So ist gerade in den letzten Jahrzehnten ein breites Interesse daran entstanden und vielfältig diskutiert worden, was nach dem Tode zu erwarten sei. Ob wir nach unserem Tod irgendwo wieder erwachen würden, ob dies in einer andersartigen oder einer der unseren ähnlichen Welt geschehe, ob wir vor diesem Leben schon einmal oder schon oft gelebt hätten, ob also dieses Leben eine von irgendwie im Kreis angelegten Wiederverkörperungen sei. Ob man als Mensch neu erscheine, als Tier oder als höheres Wesen. Die Entdeckung der so genannten »Nahtoderfahrung« hat in den vergangenen dreißig Jahren entscheidend zu diesen Gesprächen beigetragen. Aber auch ein wachsendes Misstrauen gegenüber einer Wissenschaft, die ein Fortleben nach dem Tode für ausgeschlossen hält. Und zuletzt hat auch die tiefe Krise, in der das Bewusstsein der Sinnhaftigkeit dieses Daseins heute allgemein steht, dazu beigetragen.

Andererseits hat in eben diesen vergangenen Jahrzehnten eine gegenläufige Entwicklung unter den Christen stattgefunden. Viele meinten, sich dem Glauben an eine Auferstehung zuzuwenden, lenke von den Aufgaben ab, die auf dieser Erde zu bestehen seien. Ostern oder Auferstehung in irgendeinem realen Sinn seien für einen christlichen Glauben nicht notwendig. Es lasse sich vielmehr nach Abschaffung einer jenseitigen Zukunft der auf die Gegenwart bezogene Rest des Glaubens neu organisieren und für die Gesellschaft, für Welt und Menschheit, sinnvoll und hilfreich einsetzen. Viele stellen fest, der Mensch, auch der Christ, sei nach seinem Tode tot. Wahrscheinlich – so eine These aus den sechziger Jahren – sei auch Gott selbst als tot anzusehen. Mich selbst berührt dabei als besonders merkwürdig das leidenschaftliche Interesse am Restbestand. Mich rührt die Freude, mit der man bekennt, wie groß doch die verändernde Kraft sei, die am Ende übrig bleibe. Was ließe sich mit diesem restlichen Glauben in unserer unruhigen Welt nicht alles befrieden! Was ließe sich in dieser müden, verzagten und verschlafenen Welt nicht alles wecken! Was ließe sich an verfehlten und verfestigten Ordnungen nicht aufsprengen! Was ließe sich in dieser Welt der zerstörten Ordnungen nicht alles neu ordnen! Aber die Zeit, in der ein solches Spiel mit den Resten einen versuchsweisen Sinn haben konnte, scheint mir vorüber zu sein.

In einer evangelischen Kirche darf man ja aus gutem Grund über alles nachdenken, an allem klopfen und an allem drehen. Es ist niemandem verwehrt, auszusprechen, was ihm fragwürdig, überholt, verdächtig oder hinderlich scheint. Es ist andererseits jedermann berechtigt, auf den Tisch zu klopfen und zu sagen: Nun lasst uns doch einmal Klarheit darüber schaffen, was wichtig ist und nicht verloren gehen darf! Und es ist immer gut, wenn dies ohne Streit und Rechthaberei im einfachen Gespräch geschieht. Vielleicht gibt es doch Dinge, die vor zweitausend Jahren ebenso gegolten haben wie sie heute gelten und, wenn die Welt so lange steht, auch in tausend Jahren gelten werden. Wehe uns, wenn die Wahrheit, die für uns gilt, nur noch aus den Eintagewahrheiten besteht, die unsere Zeit hervorbringt!

Nun ist »Auferstehung« eine Art Fremdwort, das

in unsere Menschenworte herüber zu übersetzen immer nur in Andeutungen gelingen kann. Zugleich verbirgt sich in ihm das Zentrum und das Ziel des christlichen Glaubens. Wir werden also von vornherein alle die Verlegenheitslösungen, die allzu einfachen, hinter uns lassen müssen, die dieses Wort in unserem hiesigen Leben unterbringen möchten und die nicht Auferstehung meinen, sondern vielleicht etwas wie Befreiung, Heilung oder Ermutigung zum Leben. Unsere gegenwärtige Diskussion leidet noch immer entscheidend daran, dass irgendwelche kurzatmigen, kleinformatigen Versuche, der Auferstehung einen innerweltlichen, innergesellschaftlichen oder einen innerseelischen Sinn zu geben, unvermerkt an die Stelle treten, an der das eigentliche, das bevorstehende Auferstehen seinen Ort hätte. Wenn danach die Deutung, die wir dem Wort »Auferstehung« geben, zu einleuchtend, zu begreiflich, zu nahe liegend werden sollte, dann hätten wir wohl nicht die wirkliche Auferstehung vor Augen gehabt.

3

Nichts in der Welt geht ohne Glauben

Es geht also um das, was neben vielem, was am christlichen Glauben unmittelbar einleuchtet, wirklich und ernsthaft zu glauben ist. Aber was von uns Menschen an Glauben gefordert ist, betrifft ja weit mehr als die religiösen Dinge. Glauben ist eine Grundbedingung für menschliches Leben überhaupt. Jeder Mensch glaubt, auch wenn er meint, er verlasse sich ausschließlich auf das, was er sehen oder wissen kann. Liebe unter Menschen beruht auf Glauben. Wie will ein Mensch beweisen, dass er liebt? Wer seinen Partner nicht mit Hilfe eines Detektivbüros überwachen lassen will, muss und wird ihm seine Treue glauben. Alles Vertrauen beruht auf Glauben, denn niemand kann beweisen, dass er Vertrauen verdient. Wer nicht glauben kann oder will, dass er selbst und sein Tagwerk irgendeinen Sinn und Wert hat, ist ein armer Mensch. Jeder Entschluss erfordert die Bereitschaft zu glauben; denn niemand kann wissen, ob er zum Gelingen führt. Glauben ist ein Grundelement jedes Lebens; und jedes Leben ist schrecklich, das ohne Glauben geführt werden soll.

Glauben heißt andererseits nicht, dass, wer glaubt, nichts wüsste. Er weiß durchaus. Er geht, auch wo er keinen Weg sieht. Und wo sehen wir schon Wege? Er ist sich seiner Sache gewiss, auch wenn er keine Beweise hat. Er hält sich bereit, als Geschenk anzunehmen, was er nicht erzwingen kann. Er glaubt durch das, was er an einem Menschen sieht, hindurch und glaubt ihm, liebt ihn, hofft für ihn, gibt ihm Boden unter die Füße, und er vertraut darauf, dass er mit alledem nicht der Dumme, sondern dass sein Vertrauen sinnvoll ist.

Wie man alles, was mit Auferstehung zu tun hat, im Einzelnen beschreiben will, darf dabei offen bleiben. Wer über die Grenze seines schmalen Verstandes hinausdenkt, wird schnell bemerken, dass, was er dabei entdeckt, nicht in einfache Sätze zu fassen ist. Er wird sehen, dass zwei oder mehr mögliche Deutungen nebeneinander oder gegeneinander stehen werden und dass sie sich oft genug erst miteinander zur Wahrheit auffüllen. Wir dürfen also viel, das wie ein Widerspruch wirkt, im Frieden stehen lassen und bedürfen keines Streits. Nun ist aber über wenige Aussagen des christlichen Glaubens in den letzten hundert oder auch fünfzig Jahren so erbittert gestritten worden wie über die Auferstehung, die von Jesus Christus berichtet wird. Wer die Geschichte dieses Streits überblickt, kann zu der Auffassung gelangen, die Auferstehung gehöre zu den Dingen, die durch einen Streit ihrem ganzen Wesen nach nicht an Deutlichkeit gewinnen, auch wenn alle Beteiligten der Überzeugung sind, sie suchten nach Wahrheit.

Ich will darum, ohne irgendjemand des Irrtums zu bezichtigen, schlicht sagen, was ich weiß und was ich glaube. Ich werde nicht darum streiten, wer denn Recht habe. Ich will versuchen zu zeigen, was die Urkunde des christlichen Glaubens, die Bibel, darüber sagt und was ich mir unter meiner eigenen Auferstehung vorstelle. Wer anders denken will, dem lasse ich gerne jede Freiheit.

Freilich: manches geht nicht mehr so, wie es früher einmal gehen konnte. Wir können heute unseren Glauben nicht mehr an Autoritäten oder an eine Lehre einer Kirche delegieren. Wir müssen schon selbst nachdenken. Wir können heute nicht mehr sagen: Das überlieferte Glaubensbekenntnis ist das Maß. Wir müssen schon selbst verstanden haben und hinter dem stehen, was wir glauben. Wir sind sozusagen auch als Christen erwachsen. Wir sind verantwortlich für das, was wir glauben; und dahinter können wir nicht zurück.

Wenn Sie ein paar Schritte mit mir zusammen gehen wollen: Ich will so sprechen, dass Sie mitgehen können, und will, jedenfalls eine gute Strecke weit, keinen Schritt aufs Wasser von Ihnen verlangen. Was Ihnen aber mit Sicherheit am Ende bevorsteht, wird eben doch die Situation vor dem breiten Fluss, der am Rande der Welt fließt, sein und die Zumutung, den Fuß aufs Wasser zu setzen, also zu glauben. Anders geht nichts. Aber am Ende, so viel ist mir gewiss, werden wir an ein Ufer treten, das Auferstehung heißt.

Was die Bibel über das Auferstehen sagt

4

Das Alte Testament deutet es an

Wenn die Schriften des Alten Testaments beschreiben wollen, was das Leben sei und woher es komme, so greifen sie nach dem Höchsten, das sie kennen. Sie nennen den Geist Gottes. Der Geist Gottes ist es, der das Leben gibt. Gott »bläst dem Menschen seinen Atem in die Nase, und so wird der Mensch zu einer lebendigen Seele« (1. Mose 2,7). Und so sagt Hiob: »Der Geist Gottes hat mich gemacht, und der Atem des Allmächtigen hat mir das Leben gegeben« (Hiob 33,4). Und wenn sie beschreiben wollen, was Tod sei, so reden sie wiederum vom Atem, das heißt dem Geist Gottes: »Wenn du ihren Atem (das heißt deinen Geist) wegnimmst, so vergehen sie und werden wieder zu Staub« (Psalm 104,29). Der Mensch lebt, solange Gottes Geist in ihm ein- und ausgeht. Er lebt sozusagen aus der Geistesgegenwart Gottes. Zieht Gott seinen Geist ab, so stirbt der Mensch. So wird er zur leblosen Seele und zum seelenlosen, das heißt leblosen Leib.

Der Tod ist für das Alte Testament schrecklich. Er wird nicht verschönt und nicht verklärt. Er ist der Feind der Menschen, und niemand hätte ihn damals romantisch sehen können als Freund oder Bruder oder als wünschenswertes Ziel. Er erscheint als fremde, unheimliche Macht, als eine feindliche Armee, die anrückt, um die Stadt der Lebendigen zu erobern. Sein Herrschaftsbereich ist das Reich der Toten, das in der Tiefe des Meeres, unter der Erde oder in der Wüste vermutet wird. Und er hat seine Vorboten: Krankheit, Schmerzen, Hunger, Durst, Verarmung, Gefangenschaft und Krieg. Vor allem ist das Altern des Menschen ein Werk des Todes, der sich in ihm ankündigt. Stirbt ein Mensch, so verliert er alle Verbindung mit Gott. Er kennt Gott nicht mehr. Er kann ihn nicht mehr am Werk sehen und um seines Werks willen verehren. Er kann ihn nicht mehr anbeten, ihm nicht mehr danken. So klagt der Psalm 6:

»Im Tode gedenkt man dein nicht.
Wer will dir bei den Toten danken?«

Und im Psalm 88 ruft der Beter in seiner Todesangst nach Gott, weil er weiß, dass die Toten ihn nicht mehr erreichen werden:

»Wirst du denn an den Toten Wunder tun oder
werden die Verstorbenen aufstehen und dir danken?
Wird man im Grabe deine Güte erzählen
und deine Treue bei den Toten?
Werden deine Wunder in der Finsternis erkannt
oder deine Gerechtigkeit im Lande des Vergessens?«

Ein sterbender Mensch kann nur eben noch nach Gott schreien. Er kann eben noch die Mächte anklagen, die ihn in Fesseln schlagen, die Krankheit und den Tod, danach aber erlischt er und ist ohne Gott. Das Buch Hiob klagt darüber in immer neuen Bildern; es ist ein einziger Aufschrei gegen die allen Sinn vernichtende Gewalttätigkeit des Todes.

Aber nun wird alles Nachdenken über den Tod von einem wichtigen Gegensatz beherrscht: Er gilt einerseits als ein Geschick, das über die Menschen wie auch über alle anderen Geschöpfe verhängt ist. Er gilt andererseits als Ausdruck des Zornes Gottes über die Menschen. Er drückt einerseits den Urgegensatz zwischen dem ewigen Gott und der bloßen Kreatur aus, andererseits den ebenso tiefen Gegensatz zwischen dem heiligen Gott und dem Menschen, der gegen den Willen Gottes lebt. Wenn er kommt, so kommt er einerseits als natürlicher Vorgang, andererseits als ein Ausschluss aus der Lebensgemeinschaft mit Gott, den der Mensch verschuldet hat.

In der Paradiesgeschichte zum Beispiel ist der Tod keineswegs die Folge des Sündenfalls. Die Strafen für den Ungehorsam der Menschen sind dort die mühselige Arbeit des Mannes auf dem Acker und der Schmerz der Frau bei der Geburt eines Kindes. Denn der »Baum des Lebens«, der ein unsterbliches Leben gegeben hätte, war den Menschen schon vor ihrer Vertreibung verboten und unzugänglich. Der Tod ist hier das natürliche Ende.

Paulus aber schließt im Gegensatz dazu an Vorstellungen des Alten Testaments an, wenn er sagt, der Tod sei »der Sünde Sold«, das heißt der Lohn für das Verhalten des Menschen.

Wohin gehen die Toten? Der Leib wird zu Staub, denn er ist ja aus Erde gemacht, der Mensch aber fährt ins Totenreich. Beides ist ein Weg in die Kraftlosigkeit. Das Leben und die Vitalität fließen weg, von der Seele ebenso wie vom Körper. Wer im Totenreich endet, ist nur mehr ein Schatten. Und er wird nicht zurückkehren:

»Höre auf! Lass ab von mir,
dass ich ein wenig Freude habe,

ehe ich ins Land der Finsternis gehe,
das Land des Dunkels, und nicht zurückkomme.«

Hiob 10,20

Freilich ist auch das Totenreich dem Zugriff Gottes nicht entzogen. Wenn Gott will, greift er einen Menschen auch dann noch, wenn er sich im Totenreich vor ihm verstecken wollte:

»Fahre ich zum Himmel, so bist du da.
Mache ich mir ein Bett bei den Toten,
so bist du auch dort.«

Psalm 139,8

Oder:

»Wenn sie sich auch vergraben bei den Toten,
so soll sie doch meine Hand von dort holen,
und wenn sie zum Himmel steigen,
will ich sie von dort hinabstoßen.«

Amos 9,2

Ein letzter Trost bleibt: Im Totenreich sind die Vorfahren. Der Sterbende kehrt also in die Gemeinschaft zurück, aus der er kommt und die ihm bleibt. Er wird »zu seinen Vätern versammelt« und findet immerhin in der Gemeinschaft der Toten seinen Ort.

Nur selten trägt der Tod ein freundlicheres Gesicht. Immer wieder einmal stirbt einer »alt und lebenssatt«. Er steht sozusagen vom Tisch des Lebens, an dem Gott ihn bewirtet hat, gesättigt und dankbar auf. Oder er sieht die Hoffnung seines Lebens erfüllt wie der alte Simeon, der am Ende sagt:
»Herr, nun lässest du deinen Diener in Frieden dahingehen, denn meine Augen haben dein Heil gesehen.«

Lukas 2, 29–30

In einigen späten Stücken des Alten Testaments, die aus der Zeit nach der babylonischen Gefangenschaft im 6. Jahrhundert stammen und die zum Teil nahe an die Zeit Jesu heranreichen, kündigt sich etwas an wie eine Hoffnung auf Auferstehung oder ewiges Leben:

»Deine Toten werden leben,
deine Leichname werden auferstehen.
Wacht auf und rühmt,
die ihr unter der Erde liegt ...,
denn die Erde wird ihre Toten herausgeben.«

Jesaja 26,19

Oder:

»Gott wird den Tod für immer auslöschen
und von jedem Gesicht die Tränen abwischen.«

Jesaja 25,8

Oder:

»Viele, die unter der Erde schlafen, werden aufwachen,
die einen zum ewigen Leben,
die anderen zu ewiger Schmach und Schande.«

Daniel 12,2

Freilich, das berühmteste Wort in diesem Zusammenhang, das Wort des Hiob ist nicht eindeutig:

»Ich weiß, dass mein Auslöser lebt.
Am Ende wird er mir auf meinem Weg begegnen
und ohne meine Haut, die so zerrissen,
ohne meinen zerstörten Leib werde ich ihn schauen.
Kein Fremder wird das Geheimnis stören,
das meinen Augen sich auftut.«

Hiob 19,25

Dieses Wort wird von den meisten Auslegern so verstanden, dass Hiob einen irdischen Rächer erhofft, dem er als dem Retter aus dem Unrecht, das ihm widerfährt, entgegensieht.

In der Zeit, in der Jesus lebte, war dieser Gegensatz noch erhalten: Da glaubten unter seinen Zeitgenossen die einen, es gäbe kein Leben nach dem Tode, die anderen sahen die Auferstehung vor sich. Unter den Priestern, die in Jerusalem über die Auslegung der heiligen Schriften zu wachen hatten, glaubten viele an keine Auferstehung. So heißt es Matthäus 12, 18: »Da traten die Sadduzäer zu ihm, die lehren, es gäbe keine Auferstehung.« Andererseits, als Jesus von Auferstehung sprach, antworteten andere Schriftgelehrte, die an die Auferstehung glaubten: »Meister, du hast recht geredet« (Lukas 20,39).

Und so konnte es Paulus, als er von den Vertretern der beiden Richtungen, der Sadduzäer und der Pharisäer, verhört wurde, gelingen, die Pharisäerseite für sich zu gewinnen: »Nun wusste Paulus, dass ein Teil der Versammlung aus Sadduzäern, der andere aus Pharisäern bestand, und rief in den Hohen Rat: ›Brüder! Ich bin ein Pharisäer und eines Pharisäers Sohn. Dass ich hier vor Gericht stehe, hat den Grund, dass ich an das kommende Gottesreich glaube und an die Auferstehung der Toten!‹ Da entstand ein Streit zwischen den Pharisäern und den Sadduzäern, und die Menge spaltete sich. Die Sadduzäer nämlich behaupten, es gäbe keine Auferstehung, keinen Engel und keine himmlischen Geister, für die Pharisäer ist all das unaufgebbare Wahrheit. So erhob sich ein allgemeines Geschrei, und einige Schriftgelehrte aus der Partei der Pharisäer standen auf und griffen ihre Gegner an: ›Wir können an diesem Mann nichts Böses finden! Wenn

ein Geist mit ihm geredet hat oder ein Engel ...‹«
(Apostelgeschichte 23, 6–9).

Es muss uns aber zu denken geben, dass das große
jüdische Tagesgebet, das Gebet der achtzehn Bitten, in
seiner zweiten Benediktion sagt:
»Gepriesen seist du, Gott,
der du den Toten Leben schaffst«,
und dass es Gründe gibt anzunehmen, dass dieses
Gebet mit seiner Entstehung bis in die Tempelliturgie
der Zeit vor Jesus zurückreicht. Wenn also ein Christ
heute meinen möchte, die Hoffnung auf Auferstehung
gehe auf Jesus zurück, und wir würden auferstehen,
weil er auferstanden sei, so sieht er an der geschichtli-
chen Wirklichkeit vorbei.

5

Die Botschaft von der Auferstehung des Christus hat zuerst Paulus niedergeschrieben

Ungefähr fünfundzwanzig Jahre nach dem Tod des
Jesus von Nazaret schreibt Paulus seinen ersten
Brief an die Korinther. Da man in Korinth offenbar
Schwierigkeiten hatte, an die Auferstehung zu glauben, nennt Paulus einige Zeugen, denen Christus
erschienen sei und die zum Teil noch lebten, also noch
befragt werden konnten. Was Paulus schreibt, ist das

geschichtlich älteste uns erhaltene Dokument für diese Erfahrungen:

»Brüder, ich erinnere euch ...
ich habe euch weitergegeben,
was ich selbst empfangen habe:
dass Christus gestorben ist für unsere Sünden,
dass er begraben wurde und am dritten Tag
auferstand.

Petrus sah ihn und nach ihm die zwölf Jünger,
fünfhundert Brüdern erschien er danach,
von denen viele noch leben ...
Jakobus schaute ihn, nach ihm alle Apostel,
zuletzt sah ich ihn, der viel zu spät
zum Glauben und zum Leben kam.«

1. Korinther 15,1–8

Paulus zählt also die Erscheinungen des auferstandenen Christus auf und nennt die Zeugen. Er fügt an, die Vorgänge seien überall bekannt, und sie seien immer schon seit jenen Tagen weitergesagt worden. Auch er selbst habe sie mit dem übernommen, was er von jenen Christen der ersten Zeit empfangen habe. Die Worte, in denen er sie aufzählt, klingen so, als seien sie früh so geprägt und als feste Formel weitergegeben worden. Wenn also Paulus den ersten Korintherbrief ungefähr im Jahr 56 in Ephesus geschrieben hat, dann sind seit dem Tod Jesu fünfundzwanzig Jahre vergangen, denn die Kreuzigung dürfte im Jahr dreißig geschehen sein. Drei Jahre danach muss wohl die Bekehrung des Paulus erfolgt sein, und kurz danach dürfte er diese Formel von den Erscheinungen Jesu, dieses Bekenntnis von seiner Auferstehung, zum ersten Mal gehört haben, sei es noch in Damaskus, sei es in Jerusalem oder in Antiochien. Er hat die Hauptzeugen persönlich gekannt, und er betont, dass viele noch lebten, dass also eine nachfragende Kontrolle dieser Überlieferung möglich sei. Wir kommen also mit dem Bericht des Paulus chronologisch bis etwa fünf, längstens zehn Jahre an die Ereignisse heran, so nahe, wie dies bei nur wenigen Ereignissen der Geschichte jener Zeit der Fall ist. Was er sagte, dürfte so zuverlässig sein, wie überhaupt Berichte über geschichtliche Vorgänge zuverlässig sein können und wie auch sonst Erinnerungen von Menschen verlässlich sind. Auf Erinnerungen aber verlassen wir uns mit Recht bei jeder Darstellung von Ereignissen, die eine kurze oder lange Zeit zurückliegen.

Ähnlich alt und ursprünglich klingen die Worte, die wir aus den Reden des Petrus kennen (Apostelgeschichte 2 und 3). Die erste Gemeinde hat sich ihrer Umwelt gegenüber so erklärt:
»Den hat Gott erweckt und aus den Qualen des Todes erlöst« (2,24).
»Diesen Jesus hat Gott auferweckt. Dessen sind wir alle Zeugen« (2,32). Oder: »Den hat Gott auferweckt, dessen sind wir Zeugen« (3,15). Wenn dies alles alt ist und in die erste Zeit nach den Ereignissen zurückreicht, dann drückt sich darin nicht ein später erfundener Glaube aus, sondern ein wirkliches Widerfahrnis. Zudem widerspricht eine solche Aussage allem, was im Judentum jener Zeit geglaubt werden konnte und für jüdische Ohren sinnvoll war, denn Auferstehung als Rückkehr zu den Lebenden galt als nicht denkbar. Es war also nicht eine religiöse Überzeugung, die damals möglich war, aus der sie schöpfen konnten. Es kann nur eine ganz ungewöhnliche, eine allem

Gewohnten gegenläufige Erfahrung gewesen sein, die sie dazu brachte.

Worum aber hat es sich bei diesen Erfahrungen gehandelt? Wir unterscheiden zwischen »Visionen« und »Erscheinungen«. »Visionen« sind Vorgänge, die sich in der Seele eines Menschen ereignen. Ein Mensch »schaut« etwas, und in aller Regel ist, was er schaut, eine Spiegelung seiner eigenen Seele. »Erscheinungen« sind andererseits Vorgänge, in denen etwas, das nicht aus der Seele eines Menschen kommt, sondern ihm begegnet, »erscheint«. Etwas von außen Kommendes begegnet dem schauenden oder hörenden Menschen. Und in unserem Fall begegnet Jesus Christus, in welcher Gestalt auch immer, den Freunden. Er wird von ihnen wiedererkannt. Sie werden von ihm angeredet. Sie empfangen die Zusicherung seiner Nähe und den Auftrag für ihr weiteres Leben. Und sie schauen ihn – was in einer bloßen Vision niemals geschieht – gemeinsam. Wenn »alle Jünger« ihm begegnet sind, so kann es sich nicht um eine Vision, sondern nur um eine Erscheinung gehandelt haben. Und dazu ist wichtig, dass die Jünger, auch die Evangelisten, niemals von ihrem »Osterglauben« reden, sondern von jener Tat Gottes, die Auferstehung heißt. In diesem Sinn auch, und nicht im Sinn einer Vision, berichtet Paulus von jener Christuserscheinung vor Damaskus, durch die sein Leben und Denken und Glauben so plötzlich und völlig verändert worden war.

Ganz anders klingen die Worte im 2. Korintherbrief, mit denen Paulus Visionen andeutet, die ihm widerfahren seien:

»Ich kenne einen Menschen, der in Christus ist,
der wurde eines Tages in Gottes Welt hinaufgerissen,
so dass er sich plötzlich im dritten Himmel befand,
in Gottes Nähe. Es sind jetzt vierzehn Jahre her.
Ob man sagen soll,
er sei dabei in einem normalen Zustand gewesen,
oder er habe seinen Leib verlassen
und sei außer sich gewesen, weiß ich nicht.
Gott weiß es.
Ich weiß von demselben Menschen,
dass er ins Paradies entrückt wurde ...,
der hörte unaussprechliche Worte,
die kein Mensch nachsprechen kann.«

2. Korinther 12,1–4

Es ist deutlich, dass er solche Visionen und die Erscheinung vor Damaskus deutlich unterscheidet, und
es hat sich nie als schlüssig erwiesen, wenn versucht
wurde, die Ostererscheinungen als Imaginationen der
Jünger zu interpretieren.

Freilich: Wer überzeugt ist, dass die Toten nicht auferstehen, für den ist natürlich ausgemacht, dass auch
Christus nicht auferstanden ist. Wie wir die Ostererscheinungen erklären, das entscheidet sich daran, was
in unseren Augen möglich oder nicht möglich ist.
Aber dann liegt die Grenze unseres Verstehens eben
nicht in den Tatsachen oder in den Berichten, sondern
in uns selbst. Gehen wir dagegen von der Möglichkeit
aus, dass die Toten auferstehen, dann kann uns die
Auferstehung des Christus als ein historisches Ereignis gelten, auch dann, wenn wir im Detail nicht viel
darüber wissen. Wir wissen auch über viele andere
anerkannt historische Ereignisse nur unzureichend
Bescheid.

Nun fällt uns auf, wie knapp die Formel des Paulus sich anhört, wenn wir sie mit den Berichten der Evangelien vergleichen. In deren Erzählungen ist immerhin von bestimmten Orten und Plätzen die Rede: von einem Garten, von einem Grab. Es wird von einem Stein berichtet, der weggewälzt worden sei. Es wird erzählt, das Grab sei leer gewesen, ein Engel oder auch zwei hätten zu den Frauen und zu den Jüngern gesprochen. Auf einer Straße zwischen Jerusalem und Emmaus sei Jesus als Wanderer erschienen. Durch eine geschlossene Tür in einem Haus in Jerusalem sei er zu den Versammelten eingetreten. Den Fischern am See sei er in der Morgenfrühe erschienen. Nichts von alledem bei Paulus. Wenn wir uns später den Ostergeschichten der Evangelien zuwenden, werden wir feststellen, sie seien zwanzig bis vierzig Jahre später niedergeschrieben worden als die Briefe des Paulus, und es könnte von daher manches begreiflicher werden.

Wie aber hängen die Auferstehung des Christus und unsere eigene zusammen? Paulus schreibt:

»Ist aber dies die Botschaft,
Christus sei vom Tode auferstanden,
wie kommen einige von euch dazu, zu behaupten,
mit der Auferstehung der Toten sei es nichts?
Ist keine Auferstehung, so auch nicht für Christus.
Ist er nicht auferstanden, so ist unsere Rede sinnlos,
sinnlos auch euer Glaube ...
Wenn die Toten nicht auferstehen, ist auch Christus tot.
Ist Christus aber nicht lebendig, so ist euer Glaube nichtig,
und eure Sünde hat euch noch im Griff.
Dann sind auch die verloren,

34

die im Glauben entschlafen sind.
Hoffen wir nur in diesem Leben auf Christus,
so sind wir die betrogensten von allen Menschen.«

1. Korinther 15,12–19

Die Auferstehung des Christus und unsere eigene hängen also eng zusammen. Wenn wir selbst nicht auferstehen werden, dann kann es auch mit der Auferstehung des Christus nicht seine Richtigkeit haben. Denn Paulus beschreibt ja das Leben, das uns mit unserer eigenen Auferstehung bevorsteht, als ein »Sein mit Christus«. Wir sind schon jetzt »in Christus«, mit ihm mystisch verbunden, und wir werden nach unserem Tode »mit ihm sein«. Das eine bedingt das andere.

Und so verknüpft Paulus die Auferstehung des Christus und die unsere auch im Zeichen der Taufe und zeigt, wie dieses »Sein in Christus« sich hier und künftig ausdrücke:

»Wisst ihr nicht, dass wir alle,
die auf Christus getauft sind,
in seinen Tod eingetaucht sind?
Was wir vorher waren,
das ist nun tot und begraben,
wie er begraben war.
Und wie er auferweckt worden ist aus dem Tode ...,
so sollen auch wir ein neues Leben führen.«

Römer 6, 3–4

Wer die Auferstehung des Christus bekennt, der bekennt eben damit auch seine eigene, jedenfalls nach Paulus.

6

Er redet vom alten und vom neuen Leib

Paulus fährt fort:

»Nun könnte jemand fragen:
Wie stehen die Toten auf?
Wie mag ihr Leib beschaffen sein?
Du Tor!
Was du säst,
wird nicht lebendig,
wenn es nicht stirbt.
Du säst doch nicht die Frucht, sondern den Samen
von Weizen oder etwas anderem.
Aber Gott gibt ihm einen neuen Leib,
jedem einen anderen.

Es gibt vielerlei Fleisch,
das des Menschen, das der Tiere einer Herde,
das der Vögel oder das der Fische.
So gibt es himmlische Leiber und irdische.
Aber die Leuchtkraft der himmlischen
überstrahlt die irdischen.
Anders glänzt die Sonne als der Mond,
wieder anders glänzen die Sterne.
Denn Stern unterscheidet sich von Stern
an Leuchtkraft.

So ist die Auferstehung der Toten.
Gesät wird Vergängliches,
Unvergängliches ersteht zum Leben.

Wertloses legt man in die Erde,
Herrliches wird auferweckt.
Gesät wird das Schwache,
in Kraft wird es auferstehen.
Gesät wird ein irdischer,
auferstehen ein geistlicher Leib.
So wahr ein Leib ist,
der von der Seele her lebt,
so wirklich ist ein Leib,
dessen Leben aus Gottes Geist ist.

In der Schrift steht:
›Der erste Mensch, Adam,
wurde eine lebendige Seele.‹
Der letzte Mensch aber
wird lebenschaffender Geist sein.
Am Anfang steht nicht der geistige Mensch,
sondern der irdische.
Der erste ist aus Erde gemacht,
der zweite hat sein Leben von oben.

Wir alle sind aus Erde geformt,
und wir alle werden von oben her leben.
Wie wir das Bild des irdischen Menschen trugen,
so werden wir auch
das Bild des himmlischen tragen.«

1. Korinther 15,35–49

Wie also soll man sich den Tod des Körpers und die Auferstehung der Seele, oder auch der Person, wie immer man dann sagen will, vorstellen? Offenbar gab es in Korinth Leute, die sich den Menschen nach seinem Tode wieder gesund und vital und mit einem irdischen Körper neu ausgestattet vorstellten. Aber da antwortet Paulus: Das ist Unsinn. Die Toten leben doch nicht einfach weiter wie bisher. Der Leib fällt in die Erde wie ein Saatkorn, und Gott schafft etwas ganz anderes und neues aus ihm. Darauf, so sagt er, verlassen wir uns. Hier auf dieser Erde waren wir irdische Menschen, in der Auferstehung werden wir das Bild und die Gestalt und auch die ganz andere Leiblichkeit des himmlischen Menschen gewinnen.

Aber was heißt dann »Körper«? Wer sich die Unsterblichkeit der Seele zu einfach vorstellt, der mag sich ein leibloses Flatterwesen vorstellen, das nur halb oder gar nicht wirklich existent ist. Paulus sagt mit alledem: Wir werden wieder Personen sein. Wir werden sehen, hören, erleben, vielleicht wirken, mit anderen verbunden sein. Das heißt: Wir werden irgendeine Art von »Leib« haben. Damit sagt er, der Mensch werde wieder ein bestimmter und ein ganzer Mensch in neuer Gestalt sein. Wer keinen irgendwie gearteten Leib hat, wird sich keinem anderen Menschen zuwenden können, ihn nicht sehen, ihn nicht hören, sich ihm nicht zeigen, er wird nicht zufassen können, und niemand wird ihn selbst wahrnehmen. Wer keinen Leib hat, wird nicht einmal mit Worten sagen können: Ich liebe dich. Schon auf dieser Erde spielen unsere entscheidenden Fähigkeiten und Kräfte auf unendlich feine und differenzierte Weise hin und her zwischen Geist, Seele und Leib und haben an allem und am Ganzen teil.

Was lebendig wird, sagt Paulus, ist nicht derjenige Leib, der dir hier gedient hat, sondern ein ganz andersartiger. Aber es wird wieder ein Leib sein, ein geistiger, wenn du so willst; oder ein seelischer oder wie immer. Er wird dein Instrument sein, mit dem du in dem neuen Leben, das Gott dir eröffnet, wirken kannst, dich freuen, teilnehmen oder Liebe zeigen. Und so wird deine Auferstehung leiblich sein.

In dem zitierten Kapitel 1. Korinther 15 schildert Paulus die Auferstehung als den Anfang und das auslösende Moment für die Vollendung von uns Menschen und der Welt: Es gibt eine Zeit vor Christus und eine Zeit nach ihm. Erst nach seiner Auferstehung ist es uns möglich, an unsere eigene Auferstehung zu glauben und ihren Sinn zu verstehen. Christus ist der Punkt der Wende. Und dieses Wendegeschehen verläuft in vier Abschnitten: Zunächst wird Christus lebendig gemacht. Ihm folgen die, die zu ihm gehören. Danach wird die Welt überhaupt ihrem Ende entgegen geführt. Die diese Welt beherrscht haben, auch die Sünde, auch der Tod und die Verdammnis werden überwunden. Christus übergibt Gott eine verwandelte Welt. Und in einem vierten, abschließenden Vorgang legt Christus alle Macht Gott zu Füßen, damit Gott »alles in allem« sei. Man mag solche Erzählweise »mythologisch« nennen und also weniger beachten, aber im Grunde sagt Paulus damit nichts anderes als was Jesus zu seinen Lebzeiten das Reich Gottes nannte und was er seinen Gästen als ihre Heimkehr zum »himmlischen Fest« oder zum »Hochzeitsmahl« beschreibt.

Das alles verlangt von uns ein Schauen und Verstehen, von dem Paulus sagt, es sei eine Gabe des Geistes Gottes. Wir müssten »erleuchtet« sein, das heißt fähig, Licht als Licht zu erkennen.

Der Epheserbrief sagt:

»Wach auf, der du schläfst,
und steh auf von den Toten,

so wird Christus, das Licht,
dich erleuchten.«

Epheser 5,14

Diese Erleuchtung aber geht einher nicht nur mit einer Öffnung unseres Bewusstseins zum Licht hin, sondern auch mit einer Verwandlung unser selbst:

»Nun spiegeln wir alle mit freiem Gesicht
den Lichtglanz des Herrn.
Er verwandelt uns in sein Ebenbild,
und wir gehen von einer Verwandlung in eine andere,
immer mehr ins Licht.«

2. Korinther 3, 18

Die Verwandlung macht aus uns gespaltenen Menschen Liebende:

»Die Liebe Gottes ist ausgegossen in unsere Herzen,
da wir den Geist empfingen.«

Römer 5,5

Am Ende gibt uns Gott eine neue Gestalt:

»Das wissen wir: Denen, die Gott lieben,
dienen alle Dinge zum Besten.
Sie sind von ihm berufen.
Ihnen aber, die er erlesen hat,
seine Kinder zu sein,
hat er eine neue Gestalt bestimmt,
die die Gestalt seines Sohnes spiegelt.
So wird Christus der Älteste sein
unter vielen Geschwistern.«

Römer 8, 28–29

Und am Ende wird die Herrlichkeit beschrieben, die das Dasein in der anderen Welt für uns Menschen bereit habe:

»Was kein Auge sah und kein Ohr hörte,
was in keines Menschen Herz drang,
das hat Gott denen bereitet, die ihn lieben.«

1. Korinther 2,9

Der Römerbrief fasst es mit den folgenden Worten zusammen:

»Die sich von Gottes Geist
führen lassen,
die sind Töchter und Söhne Gottes.
Ihr habt nicht einen Geist
der Knechtschaft empfangen,
so dass ihr euch wieder zu fürchten hättet,
sondern einen Geist der Kindschaft,
der uns erlaubt, zu rufen: ›Vater! Lieber Vater!‹
Gottes Geist bezeugt eurem eigenen Geist:
Ihr seid Gottes Kinder.
Sind wir aber Kinder,
so haben wir Hausrecht bei ihm, bei Gott, selbst.
Wir sind zu Hause bei ihm, wie es Christus ist.
Wir leiden mit ihm
und gehen mit ihm in Gottes Herrlichkeit ein.
Denn ich bin überzeugt,
dass die Leiden dieser Zeit
klein und unwichtig sind
im Vergleich mit der Herrlichkeit,
in die wir umgestaltet werden sollen.«

Römer 8,14–18

Das alles aber steht und fällt damit, dass Christus wirklich auferstanden ist. Wenn er nur »in das Bewusstsein seiner Anhänger« auferstanden sein sollte, wie man schon gesagt hat, oder wenn »Auferstehung« nur heißen soll, seine »Sache« habe Bestand auch nach seinem Tode, sie habe sich für die Praxis seiner Anhänger bewährt, dann ist es luftleere moderne Phantasie, von solcher Erleuchtung, Verwandlung und Erlösung von uns Menschen zu reden.

Im Credo, dem apostolischen Glaubensbekenntnis der Kirche, war früher von der »Auferstehung des Leibes« oder auch der »Auferstehung des Fleisches« die Rede. Heute vermeiden wir dieses missverständliche Wort und sprechen von der »Auferstehung der Toten«. Damit vermeiden wir – mit Recht! – die primitiven und falschen Vorstellungen, die sich von jeher an die Rede von der »Auferstehung des Fleisches« angeschlossen haben; aber wir haben mit einer Umformulierung unseres Glaubensbekenntnisses zugleich eine der starken Aussagen des christlichen Auferstehungsglaubens aus dem Verkehr gezogen.

Was wollte denn die Kirche der ersten Jahrhunderte sagen, wenn sie auf die »Auferstehung des Leibes« so großen Wert legte? In der antiken Welt, in die das Christentum bei seiner Ausbreitung eintrat, gab es verschiedene Philosophien, die scharf unterschieden zwischen Geist und Leib. Da war einmal die platonische Tradition. Sie sagte: Wenn der Mensch sich aus seinem minderwertigen Leib, der ihn gefangen hielt, befreit hat, so betritt er eine geistige Welt, eine Welt der Ideen. Der Tod ist also Erlösung vom leiblichen Leben. Da war zum anderen die breite Strömung der Gnosis, die den Gegensatz noch verschärfte dadurch, dass sie sagte, von Gott geschaffen seien die Seele und der Geist, der Leib aber sei ein Produkt aus der kosmischen Schaffenskraft einer bösen Gegenmacht, die überhaupt diese ihr gefügige sichtbare Welt verantworte. Zum dritten gingen schon damals – wie heute – viele davon aus, der Mensch verliere seine Identität in seinem Tod, er löse sich auf wie ein Tropfen, der ins Meer fällt. Das eigentlich Erlösende sei also seine Befreiung aus seiner Individualität und sein Aufgehen im Ganzen.

Dem allen widersprach die Kirche. Sie sagte zu der platonischen Vorstellung: Nein, der Leib ist nicht das Minderwertige, er gehört zum Menschen, er macht ihn mit aus, und der Mensch wird in der kommenden Welt nicht in die Welt der Ideen eintauchen, er wird er selbst sein und bleiben. Und sie formulierte dies mit dem Satz von der Auferstehung des Leibes. Sie sagte zu der gnostischen Vorstellung: Nein, die Welt ist nicht böse, sie ist die gute Schöpfung Gottes. Der Leib ist nicht böse, und er ist auch nicht die Quelle des Bösen, das den Menschen bestimmte. Nach Jesus ist die Quelle des Bösen der Gedanke, das »Herz«, die Absicht, der geistige Machtwille, nicht der Körper. Und sie sagte zum dritten: nein, der Mensch löst sich nicht in Gott auf, er bleibt ein Einzelwesen im großen Zusammenhang. Die Erlösung wird in seiner Verwandlung liegen, der Verwandlung aus dem alten in den neuen Menschen.

Wenn später den Kirchen immer wieder vorgeworfen wurde, sie verteufelten den Leib, sie diffamierten ihn als das Böse, das es zu bekämpfen, abzutöten oder wegzuwerfen gelte, dann war dieser Vorwurf berechtigt. Denn entgegen der ursprünglichen Intention des Glaubensbekenntnisses haben sich immer wieder die Leibverachtung des Platonismus oder die Leibfeindlichkeit der Gnosis in der Kirche durchgesetzt. Nein, Paulus nennt den Leib den Tempel des Heiligen Geistes. Wie aber kann ich einen Tempel, in dem der Geist Gottes anwesend ist, missachten wollen?

Und noch einmal: Für die alte Kirche war der Leib das Instrument, das der Seele und dem Geist des Menschen die Konkretion verleiht, das ihm die Möglichkeit gibt, »ich« zu sagen, seinen Willen zu formulieren und durchzusetzen. Das leibliche Leben also war Leben in Abhängigkeit von einer Gemeinschaft. Nur durch den Leib ist Sprache möglich oder seelische Wahrnehmung oder Ausdruck. Und so hielt die alte Kirche fest: Der Mensch wird auch in seiner Auferstehung Person sein. Er wird auch nach seiner Auferstehung in Gemeinschaft stehen mit anderen Wesen. Paulus hatte gesagt: »Wir werden alle verwandelt werden.« Aber die verwandelt werden, werden wir sein, wir selbst. Wir behalten unsere Geschichte, wir behalten unsere Vergangenheit und unser Schicksal, und wir treffen in der neuen, anderen Welt uns selbst an als die, die wir waren. Verwandelt freilich.

Nun scheint es mir unmöglich, an uns hiesigen Menschen Leib und Seele reinlich zu trennen. »Wir sind Körper, vom Geist beseelt«, kann man sagen und damit ausdrücken, der Mensch sei ein integriertes Ganzes und nicht nach Art eines Baukastens aus Geist, Seele und Leib zusammengesetzt. Schon die Zusammenhänge zwischen dem Unbewussten des Menschen und seinem Leib sind unauflöslich eng. Wie tief das Unbewusste in den Körper hineinverflochten ist, ergründet kein Mensch. Was also stirbt im Tod, wenn der Körper stirbt? Stirbt das Unbewusste mit? Aber das Unbewusste ist ja eben ein Teil der Person. Was also? Wir können an dieser Stelle nur klar sagen:

Wir wissen nicht, was wie vonstatten gehen wird. Wir haben kein Mittel zu sagen, was eigentlich bleiben und was eigentlich verwandelt werden wird. Aber wir bleiben, um überhaupt etwas sagen zu können, dabei, wie es immer gesagt worden ist: Wir werden als die Menschen, die wir sind, auferstehen, und wir werden die Organe und die sensorischen Mittel haben, die wir brauchen, um in der kommenden Welt leben, Gemeinschaft haben, lieben und nachdenken zu können. Wenn wir das festhalten, dann haben wir bewahrt, was die alte Formel von der Auferstehung des Leibes oder des Fleisches sagen wollte.

7

Die Lehre vom »Ganztod« ist im Evangelium nirgends zu finden

In der evangelischen Theologie der letzten achtzig Jahre gab es eine merkwürdige Lehre von der Auferstehung oder besser der Nichtauferstehung. Es war die Lehre vom »Ganztod«. Sie besagte, das Leben des Menschen ende im Tod und zwar ganz und gar und in jeder Hinsicht und auf jeder Ebene, mit Geist, Seele und Leib. Man sagte, Gott habe den Menschen aus dem Nichts erschaffen. Er falle in seinem Tod wieder in das gänzliche Nichts zurück, und in irgendeiner nicht festsetzbaren Zukunft werde Gott diesen Menschen wieder aus dem Nichts nacherschaffen. Er sei also mit seinem Tode vollständig ausgelöscht, und es gebe keine Kontinuität zwischen der jetzt lebenden Person und ihrer künftigen Existenz bei Gott.

So vertrat Karl Barth, der große Lehrer meiner Generation, die Auffassung, im Tode bleibe keine menschliche Seele übrig. Mit dem Tode sei der ganze Mensch nichts. Es gebe ihn nicht mehr. Er werde erst am Jüngsten Tage aus der Erinnerung des Schöpfers neu geschaffen, aus dem Gedächtnis Gottes sozusagen neu zusammengesetzt. Aber mich hat das noch nie überzeugt. Was soll denn damit gemeint sein, dass zwischen Tod und Auferstehung das Nichts sei? Was ist der Sinn dieses Vakuums? Das Neue Testament spricht ganz anders. Woher also hatten es die großen Theologen der zwanziger bis vierziger Jahre? Vielleicht daher, dass sie den Tod als »Todesstrafe« missverstanden?

Wenn wir Paulus zuhören, dann sagt er uns, der Mensch sei einer und derselbe hier wie dort. Er werde in irgendeiner Weise verwandelt oder er werde mit einem anderen Leib versehen werden. Er sagt, der Leib sei das »Haus«, das abgebrochen und ersetzt werde:

»Denn wir wissen:
Wenn unsere irdische Behausung,
das Zelt, in dem wir leben,
abgebrochen wird,
baut Gott uns ein neues Haus,
nicht von Menschenhand errichtet,
ein ewiges, im Himmel.
Hier noch seufzen wir
und sehnen uns danach,
dass unser himmlisches Haus uns aufnimmt,
damit wir nicht schutzlos dastehen.

Solange wir in diesem Zelt wohnen,
seufzen wir und sind beschwert,
weil wir nicht entkleidet werden möchten,
sondern überkleidet,
so dass das Sterbliche verschlungen wird
vom Leben.«

2. Korinther 5,1–4

Haus, Zelt, Kleidung sind Bilder für das leibliche Leben in dieser Welt. Sie werden nicht nur abgelegt, sie werden ersetzt durch eine neue Behausung, durch ein neues Kleid. Hier ist kein Vakuum, hier sind Vorgänge der Wandlung. Hier ist Kontinuität selbstverständlich.

Mit der »Auferstehung des Leibes«, von der die alte Kirche sprach, und auch mit dieser Vorstellung von der Wandlung ist aber zugleich der Unsterblichkeitsglaube abgelehnt, wie er in der Antike und wie er auch in der Neuzeit gedacht wurde. »Unsterblichkeit« meint die der Seele eigene, ihr innewohnende Kraft, dem Tod zu trotzen oder zu widerstehen. Wenn von Unsterblichkeit der Seele geredet wird, dann erübrigt sich der Glaube an die Auferstehung Jesu Christi, dann schafft jeder Mensch ganz natürlich durch seine persönliche Dauerhaftigkeit, durch sein Stehvermögen den Übergang in die andere Welt.

Gegen diese altüberlieferte Vorstellung von der Unsterblichkeit wandte man sich mit Recht mit jener Lehre vom »Ganztod«. Aber ihre Wirkung auf die Geschichte der Frömmigkeit im 20. Jahrhundert war unglücklich. Sie schoss weit über ihr Ziel hinaus. Sie geriet in eine kaum zu leugnende Nähe zum Skeptizismus der Moderne. Mehr noch: Im innersten Raum der Theologie siedelte sich auf diese Weise ein wesentliches Element der atheistischen Denkweise der Gegenwart an. Man sagte, am »Jüngsten Tag« würden wir auferweckt. Wenn aber dieser ferne »Tag« für uns heutige Menschen in den Zukunftsbildern unserer Zivilisation nicht mehr vorkommt und auch Theologen vom »Sankt-Nimmerleins-Tag« sprechen, bleibt das reine Nichts. Und es bleiben die vielen Verlegenheitslösungen, die von einer gegenwärtigen »Auferstehung« reden, durch die das Werk Jesu seine geschichtliche Wirkung gewonnen habe und durch die in uns selbst etwas wie Glauben entstehe, und sie bleiben so lange, bis auch ihre Sinnlosigkeit deutlich sein wird.

Romano Guardini hat gesagt: »Der Kampf gegen die Unsterblichkeit der Seele hat in der Geschichte des Abendlandes immer nur dem Unglauben, niemals dem Glauben gedient.« Das trifft zu. Wir sind, gerade in unserer evangelischen Kirche, hier in eine Sackgasse gelaufen, aus der wir uns bemühen sollten herauszukommen.

Ich frage mich manchmal, warum gerade sehr gebildete Theologen so große Mühe haben, sich ihre eigene Auferstehung vorzustellen oder an einen Weg zu denken, der ihnen nach ihrem Tode neu eröffnet wird. Intellektuelle Gründe können es nicht allein sein. Theologische schon gar nicht. Was soll denn mit dieser Abwehr gegen eine reale Auferstehung verteidigt werden? Was soll verhindert werden? Was verbirgt sich in den oft unendlich komplizierten rationalen Konstruktionen an völlig irrationalen Widerständen? Ich habe es nicht zu ergründen. Mich können die aus irgendeinem Grund nötigen Scheinkonstruktionen nicht überzeugen, die sich dem, was das Neue Testament Auferstehung nennt, so ganz und gar widersetzen. Ich will nicht sagen, es sei das Bedürfnis, Auferstehung überhaupt abzuschaffen; aber der abstrakte Mensch, der am Ende neu geschaffen werden soll, gehört eben doch eng zu dem abstrakten Gott, von dem man in der Theologie der fünfziger und sechziger Jahre gesagt hat, er sei tot.

Der Apostel Paulus spricht davon, wir würden »verwandelt« werden. Was »verwandelt« wird, bleibt lebendig. Er sagt: Wir »ziehen die Unvergänglichkeit an«. Wer Kleider ablegt und neue anzieht, bleibt derselbe, und er bleibt lebendig. Wie wollen wir denn das Wort Jesu verstehen: »Fürchtet euch nicht vor denen, die den Leib töten, aber euch das Leben nicht nehmen können« (Matthäus 10,28)? Oder das Wort an die Sadduzäer, die nicht an die Auferstehung glaubten: »Dass aber die Toten auferstehen, darauf hat Mose beim Dornbusch hingewiesen: Er nennt Gott den Gott Abrahams, Isaaks und Jakobs. Gott aber ist kein Gott von Leichnamen, sondern von lebendigen Menschen. Alle leben sie für ihn« (Lukas 20, 37–38). Oder wie wollen wir das Wort des Paulus verstehen: »Ich habe Lust, aus der Welt zu scheiden und bei Christus zu sein« (Philipper 1,23)? Oder das Wort Jesu: »Ich bin die Auferstehung und das Leben. Wer an mich glaubt, wird leben, auch wenn er stirbt, und wer lebt und an mich glaubt, wird nicht sterben« (Johannes 11, 25–26)? Gilt das nun alles oder gilt es nicht? Ich meine, es müsse gelten, solange uns überhaupt ein Wort des Evangeliums kostbar und bewahrenswert erscheint.

8

Die Evangelien erzählen von Ostererfahrungen

Eine Generation nach Paulus, in der Zeit nach der Zerstörung von Jerusalem im Jahr siebzig, setzt eine Sammelarbeit ein an den Erinnerungen der Augenzeugen, und eine verstärkte Sammelarbeit an da und dort weitergegebenen alten Niederschriften. Die Evangelien entstehen, die den Namen von Matthäus, Markus, Lukas und Johannes tragen. Für sie ist kennzeichnend, dass sie ganz anders von der Auferstehung Jesu Christi berichten als Paulus das getan hat.

Paulus hatte Erscheinungen erwähnt, ohne zu sagen, wo und wann sie stattgefunden hätten. In keinem Fall außer seinem eigenen hatte er geschildert, was dabei zu sehen oder zu hören gewesen war. Nun kommen aber in den Evangelien ganze Geschichten hinzu. Ich will noch nicht sagen, wie weit sie als historisch zutreffend anzusehen seien, sondern nur auf welche Weise einige von ihnen zustande gekommen sein mögen. Ich will dabei meine Phantasie ein wenig spielen lassen, ohne zu behaupten, es träfe alles genau so zu, wie ich es mir ausdenke.

Ich stelle mir vor, wie nach Ostern in Jerusalem, in Samaria und an der Mittelmeerküste die ersten Gemeinden entstanden. Wie die Menschen zusammensaßen und über das Neue und Unerhörte diskutierten, das da geschehen sei: über die Auferstehung dieses hingerichteten Jesus. Da wendet sich also irgendeine Frau, irgendein Mann an einen der Apostel oder an den Gemeindeleiter: Wie sollen wir uns das vorstellen, diese Auferstehung? Wie soll man sich das erklären, dass einer aus seiner Grabhöhle, die mit einem schweren Rollstein verschlossen ist, herauskommt und aufersteht? War er denn noch im Grab? Das kann doch eigentlich nicht sein, wenn er doch auferstanden ist? Wenn er also nicht mehr im Grab war, so muss jemand den Stein weggewälzt haben. Wer kann das gewesen sein?

Oder ein anderer: Wenn er nicht mehr im Grab war, dann muss das Grab aber leer gewesen sein. War es leer? Ja? Aber wenn er bei Gott war oder im Himmel und jedenfalls nicht im Grab – wer von denen, die das leere Grab zuerst sahen, konnte denn wissen, dass hier nicht irgendwelche Grabräuber oder missgünstige Menschen am Werk waren? Woher wussten sie es? Ach so, Engel haben es ihnen gesagt. Ja, das ist möglich.

Oder ein dritter: Wenn Christus auferstanden ist und das Grab leer war – warum wurde die Auferstehung des Christus nicht allen Bewohnern von Jerusalem augenblicklich bekannt? Warum hat es sich nicht herumgesprochen wie ein Lauffeuer?

Oder noch ein anderer: Wenn die Frauen das leere Grab zuerst gesehen haben und wenn die Engel ihnen gesagt haben, Jesus sei auferstanden, warum brauchte es dann so lange, bis es die andern erfuhren? Haben sie nicht davon geredet?

Oder: Wenn es doch auch die Nachricht gegeben hat, die Jünger hätten den Leichnam gestohlen, war das so? Oder wer hat das zuerst gesagt? Die Priester? Dann müssen sie ja die Grabeswächter bestochen haben, damit sie das bezeugten!

Oder: Wenn Jesus wirklich auferstanden ist, dann müssen doch die Wunden, die die Kreuzigung ihm angetan hat, an ihm sichtbar gewesen sein? Waren sie es?

Oder: Wenn er wirklich auferstanden ist, dann hat er doch wohl seine Jünger nicht nur besucht, während sie aßen, dann muss er doch mit ihnen gespeist haben? Hat er das?

Ich stelle mir jedenfalls vor, wie immer wieder während eines Unterrichts oder eines Gottesdienstes einer in den Raum rief: Wie soll man sich das vorstellen? Und wie der Leiter oder der Prediger versuchte, eine Antwort zu geben, die den Vorstellungen und den Fragen der Menschen entgegenkam. Ich stelle mir vor, dass auf solche Weise die ursprünglichen Berichte ausgemalt wurden, und wie der Gedanke vom leeren Grab entstand und die anderen Geschichten, die versuchten, sich auszumalen, was nicht vorstellbar war, bis am Ende auf jede solche ratlose Frage der Versuch einer Antwort bereitlag.

Freilich, in allem, was da vielleicht unnötig breit erklärt wurde, blieb doch das eine erhalten, das der Kern und das Wesentliche an den Osterberichten gewesen war: nämlich, dass Jesus einigen der Jünger oder mehreren gleichzeitig erschienen war. Es blieben einige Erfahrungen der Betroffenen und Beteiligten erhalten. Jesus erschien der Maria Magdalena im Garten. Er trat zu den versammelten Jüngern in ihre ängstlich verschlossene Stube ein. Er erschien Zweien, die auf der Straße nach Emmaus unterwegs waren, und er erschien einigen Jüngern, die nach Galiläa zurückgekehrt waren, im ersten Morgenlicht am Ufer des Sees. Auch diese Erlebnisse sind ausgemalt worden, aber in ihnen ist das Ursprüngliche noch spürbar: Christus ist den Seinen erschienen. Sie haben ihn gesehen. Er hat zu ihnen gesprochen. Er gab ihnen Weisungen, und sie haben mit einem plötzlich entstandenen und auf keine andere Weise erklärbaren Mut ihren neuen Auftrag in Angriff genommen, obwohl nach allem, was geschehen war, kaum eine Chance bestand, irgendwo und irgendwie bei irgendwem Gehör zu finden, und obwohl nichts zu erwarten war als die gewalttätige Reaktion der führenden Leute im Staat und am Tempel.

So sind die entscheidenden Stücke in den Ostergeschichten diese:

»Da sprach Jesus zu ihnen: Friede sei mit euch!
Wie mich mein Vater gesandt hat, so sende ich euch.
Und er blies sie an und sagte: Nehmt hin den Heiligen Geist.«

Johannes 20, 21–22

Oder der Bericht von dem Gespräch Jesu mit Petrus, den er fragte, ob er ihn denn nun liebe, nachdem er ihn verraten hatte, und dem er sagte: Achte auf deine Schwestern und Brüder. »Weide meine Schafe!« (Johannes 21, 17).

Oder:

»Er sprach zu ihnen: So war es bestimmt.
Christus musste leiden
und auferstehen vom Tode am dritten Tag.
Seid dafür Zeugen – und fangt hier in Jerusalem an!«

Lukas 24, 46–47

Oder:

»Jesus sprach zu ihnen:
Mir ist alle Gewalt im Himmel
und auf Erden gegeben.
Darum geht und macht zu Jüngern alle Menschen.
Tauft sie und lehrt sie leben so,
wie ich es euch befohlen habe.
Ich aber bin bei euch bis an das Ende des Äons.«

Matthäus 28, 19

Oder:

»Ihr werdet die Kraft des Heiligen Geistes empfangen
und meine Zeugen sein.« *Apostelgeschichte 1, 8*

Aber gehen wir der Reihe nach. Wir stellen uns heute vor, die Entstehung der Osterberichte habe sich etwa folgendermaßen abgespielt:

Es gab offenbar eine sehr alte Überlieferung aus der ersten Zeit nach dem Tod Jesu, die von Erscheinungen des Auferstandenen in Galiläa berichtet hatte. Sie ist in Markus 16, 7–8 und Matthäus 28, 7 noch spürbar. Aber nun werden sie nur noch angekündigt und nicht mehr erzählt. Das ist begreiflich, denn inzwischen spielte sich das Leben der Urgemeinde nicht mehr in Galiläa, sondern in Jerusalem ab, und so treten die Erscheinungen in Jerusalem in den Vordergrund.

Und so stellen nun manche sich den Ablauf der Ereignisse folgendermaßen vor: Petrus war mit einigen Aposteln zusammen nach Galiläa zurückgekehrt. Das muss keine Flucht gewesen sein, denn es war normal, dass Festpilger nach dem Fest in ihre Heimatorte zurückkehrten. Was auch band ihn an Jerusalem? In Galiläa erlebte er mit seinen Freunden zusammen eine

Erscheinung des auferstandenen Christus, die ihn zutiefst aufwühlte und die ihn veranlasste, nach Jerusalem zurückzugehen und den Freunden davon zu berichten. Dort traf er auf Frauen und Männer, die Ähnliches erfahren hatten.

Später hat man die Geschichte seines Erlebnisses auf dem See in der Geschichte wiedergegeben, die Lukas 5, 1–11 erzählt wird, die aber in ursprünglicherer Weise in Johannes 21 erhalten ist. Später hat man auch die Geschichte von der Verklärung Jesu auf dem Berg in Galiläa, die eigentlich eine Ostergeschichte war, so erzählt, als habe sie sich schon während der Wirksamkeit Jesu in Galiläa ereignet, und hat lediglich den Hinweis Matthäus 28,7 bewahrt: »Er wird vor euch hingehen nach Galiläa, dort werdet ihr ihn sehen.«

Die ersten Erscheinungen hatten also ihren Ort in Galiläa. Sie setzten sich fort in Jerusalem. Dort waren es zuerst die Frauen, danach einige Jünger und eine größere Gruppe. Und um diese alten und vermutlich zutreffenden Erzählungen legten sich allmählich die Ausmalungen herum, die nach den inzwischen vergangenen vier oder fünf Jahrzehnten erklären sollten, wie das alles nach den Verstehensmöglichkeiten damaliger Menschen geschehen sein konnte.

Ich sagte: Manche stellen sich den Ablauf so vor. Andere ziehen andere Deutungen der Geschichte und ihres Verlaufs vor. Aber immer werden wir bei solchen Erklärungsversuchen unterscheiden müssen zwischen dem, was wir wissen können, und dem, was wir uns zu unserem besseren Verstehen ausdenken.

Jedenfalls scheint sich in den Osterberichten die jahrzehntelang hingezogene Diskussion unter den Christen ebenso wie die Diskussion zwischen den Christen und ihren Gegnern zu spiegeln.

Zweierlei ist wichtig. Zum einen: Es fällt auf, dass in den Geschichten von der Auferstehung nichts eigentlich Dramatisches geschieht. Wären sie frei erfunden worden, so ereignete sich mehr. Vielleicht fiele dann auf Juden und Römer ein gewaltiger Schrecken. Vielleicht wüssten die Jünger danach von allen Geheimnissen zwischen Himmel und Erde zu berichten. Aber nichts von alledem. Es geschieht nichts, als dass Begegnungen am Rande der Sichtbarkeit stattfinden, leise, einfach; und nur die erleben sie, die mit Jesus schon vorher verbunden gewesen waren. Das Vorige wird aufgenommen. Worte, früher gesprochen, werden neu gehört.

Und zum anderen: Wenn es sich bei alledem um einen Betrug handeln würde? Aber wer lässt sich für einen Betrug foltern und hinrichten wie Jakobus oder Stefanus? Man sprach auch von der Überreiztheit der Jünger, von ihrer Anfälligkeit für Visionen und Täuschungen. Aber was ist geschehen? Es hat nichts Erregtes an sich, nichts von Verwirrung. Verborgene, in schlichten Worten erzählte Erfahrungen werden berichtet. Einige Frauen tun in ihrer Trauer das Nötige, und plötzlich scheint etwas vor ihnen auf. Nicht eine plötzliche Freude bricht auf, sondern Angst zunächst, die danach überwunden wird. Eine Stimme spricht. Eine Gestalt, in der sie Jesus wiedererkennen, erinnert an Gewesenes und Gewusstes. Den sie als den Lebendigen gekannt hatten, der erweist sich als lebendig. Als gegenwärtig. Das ist alles.

Und so wuchs in ihnen der Christus, der sich mit den Menschen verband, der die Menschen zusammenschloss, und sie wurden zur verbindenden, integrierenden Kraft für die entstehende Kirche.

9

Der Streit um das leere Grab ist ein Streit um des Kaisers Bart

Vor kurzem fand ein Streitgespräch statt zwischen zwei Theologen. Der eine sprach für den Glauben an die Auferstehung des Christus, der andere gegen ihn. Beide machten sowohl ihre Ablehnung wie auch ihre Zustimmung zur Auferstehung am leeren Grab fest. Das leere Grab wurde zum zentralen Schlüssel für das Ganze. Das Grab war nicht leer, also gibt es keine Auferstehung, meinte der eine. Das Grab war leer, also ist Christus auferstanden, der andere. Ich wundere mich sehr über die ungeheure Wichtigkeit, die dem leeren Grab in den Diskussionen der letzten fünfzig Jahre beigemessen wurde. Über nichts wurde unter Christen so erbittert gestritten wie über diesen Punkt. Aber was ist das denn für eine seltsame Logik?

Was beweist denn ein leeres Grab? Wenn ich heute plötzlich vor einem Grab stünde auf irgendeinem Friedhof, das aufgegraben vor mir liegt und aus dem der Sarg verschwunden ist, so wäre mir das keinerlei Beweis für die Auferstehung des Begrabenen. Ich würde mich vielmehr fragen, was für ein Mensch was für ein Interesse daran gehabt haben könnte, es auszuräumen, und würde die Polizei bitten, dem Fall nachzugehen. Nein, das Gezerre um das leere Grab ist ein Streit um des Kaisers Bart.

Und warum muss der Stein abgewälzt gewesen sein? Nach Johannes 20,19 tritt Jesus durch die verschlossene Tür in den Raum ein, in dem die Jünger versammelt waren. Warum sollte er dann nicht aus dem verschlossenen Grab auferstanden sein können? Wenn ein Matrose im stählernen Kasten eines U-Boots eingeschlossen in zweitausend Meter Meerestiefe liegt, hindert ihn sein verschlossenes Grab an seiner Auferstehung? Wenn ein anderer in einem Panzer verglüht, hindert ihn der stählerne Schrott seines Fahrzeuges an seiner Auferstehung? Wenn ein dritter unter den Betonklötzen eines zusammengestürzten Hochhauses begraben ist, bis zur Unkenntlichkeit zerquetscht, oder im Schacht eines Bergwerks für immer verschlossen, hindert ihn der Beton oder der Schlamm oder das Gestein an seiner Auferstehung? Und wenn ich selbst eines nicht fernen Tages zwei Meter unter der Erde begraben sein werde, wird mich dann das über mich geschüttete Erdreich an meiner Auferstehung hindern?

Dass den Menschen der damaligen Zeit der Gedanke, das Grab sei leer gewesen, wichtig war, liegt daran, dass für sie der Körper eines Menschen der Ausdruck war für das, was wir heute seine Person nennen, seine Identität. Wer nach ihrer Auffassung keinen Körper besaß, war nicht da. Wenn Christus erschienen ist, dann muss er einen Körper gehabt haben. Also konnte der Körper nicht mehr im Grab sein. Auferstehung konnte nach damaliger jüdischer Vorstellung nur leiblich gedacht werden. Wer nur gestorben ist und nicht auferstanden, ist dem gegenüber ein Schatten. So sagt Paulus 2. Korinther 5,4:

»Wir sehnen uns danach, ...
mit einem neuen Kleid überkleidet zu werden,
damit das Sterbliche (der Körper) mit ins Leben aufgenommen wird.«

Das leere Grab kann durchaus historisch sein, aus welchen Gründen und aufgrund welcher Vorgänge und Eingriffe auch immer. Es war den Menschen damals wichtig, weil sie dachten, der Mensch komme mit seinem bisherigen, irdischen Körper wieder zum Leben. Aber eben den, der so dachte, redete Paulus grob an mit »du Tor!«. Und so kommt das leere Grab nirgends bei Paulus vor. Vielleicht wusste er nichts davon. Aber wahrscheinlich schien es ihm nicht erwähnenswert. Wenn es nicht unhöflich klänge, würde ich gerne alle, die so sehr am leeren Grab hängen, wie Paulus mit »du Tor« anreden. Von einem alten Erweckungsprediger wird erzählt, er habe seinen Hörern für die Zeit nach ihrem Tode Heulen und Zähneklappern versprochen. Als einer seiner Hörer höhnisch dazwischen rief: »Und wenn man keine Zähne mehr hat?«, habe der Prediger in den Raum gedröhnt: »Für Zähne wird gesorgt!« Auf einem ähnlichen Niveau scheint mir vieles zu spielen, das in der Osterdiskussion der letzten fünfzig Jahre vertreten worden ist.

Was ich genau und sicher weiß, das ist im Gegenteil, dass mein eigenes Grab eines Tages, wenn ich auferstanden sein werde, keineswegs leer sein wird, sondern voll mit den Resten meines Körpers. Warum soll denn auch mein Körper, nachdem er in dieser Welt dankenswerterweise seinen großartigen Dienst getan hat, nicht gerne im Grab sein und sich dort auflösen, bis er Erde ist und die Stoffe abgeben kann für einen neuen und anderen Körper irgendeines lebendigen Wesens? Warum soll aus meinem Körper nicht irgendeines fernen Tages ein Löwenzahn wachsen oder eine Brennnessel, ein Bienenvolk entstehen oder eine Maulwurffamilie, und warum sollte ich ihnen allen nicht von Herzen Glück und Gedeihen wünschen?

Es mag sein, dass in der ersten Gemeinde, für die dies alles ja völlig neu und unvorstellbar war, manche den auferstandenen Jesus empfanden, wie unsere deutschen Vorfahren sich einen Wiedergänger vorstellten, also einen Toten, der mit seinem verstorbenen Leib aus irgendeinem Grunde aus dem Grab wiederkam und für einige Zeit auf der Erde umherging. Aber Jesus war kein Wiedergänger, und auch wir werden es nicht sein. Nein, unser jetziger irdischer Leib bildet nicht die materielle Grundlage für unser künftiges Leben, so wenig der zu Tode geschundene Leib des Jesus von Nazaret die materielle Grundlage für seine an Ostern erfahrene Gegenwärtigkeit war. Ein »geistlicher Leib«, also ein »Geistleib«, wie Paulus sich ausdrückt, ist unvergleichlich anders als alles, was wir in unserem hiesigen Dasein sehen. Die Brücke aber von hier nach dort, von diesem zu jenem Leib, das Geheimnis der Kontinuität, ist der schöpferische Geist Gottes.

Was ist denn an den Osterberichten wichtig? Wichtig ist, wie Maria Magdalena sich umwendet und ihren Meister erkennt. Wichtig ist, wie Jesus zu den Jüngern ins Zimmer tritt mit den Worten: »Friede sei mit euch.« Wichtig ist die Begegnung der Fischer am Ufer des Sees in der Morgenfrühe und die Erfahrung des Petrus, wie Jesus ihm aufträgt, sich um die zerstreuten Freunde zu kümmern. Wichtig ist, wie die Jünger hören: »Wie mich mein Vater gesandt hat, so sende ich euch.« Wichtig ist, wie sie hören: »Nehmt hin den Heiligen Geist!«

Im Garten begegnet Christus jener Frau, redet sie an, weckt sie aus ihrer Versunkenheit, öffnet ihr die Augen und gibt ihr einen Auftrag. Auf dem Weg nach Emmaus begegnet er zwei Jüngern, die heimatlos unterwegs sind auf der Flucht vor ihrer Trauer, und begleitet sie auf ihrem Weg, erscheint ihnen als Gastgeber am Tisch. Maria Magdalena hört: »Rühre mich nicht an!« In Emmaus umgekehrt bezieht Jesus die Freunde in seine Nähe ein. Die nach innen trauert, wird aus sich selbst herausgerufen. Die nach außen weglaufen, werden in einer Stube, an einem Tisch aufgenommen. Noch in derselben Stunde brechen sie auf, gehen den langen Weg nach Jerusalem zurück, finden die Gemeinschaft der Frauen und der Jünger und erzählen ihnen, dass sie ihren Meister daran erkannt hätten, wie er das Brot brach.

Was ist denn wichtig? Christus ist nach seinem Tode seinen Freunden als lebendige Gestalt begegnet, und in diesen Begegnungen ist unsere Hoffnung begründet, auch wir würden über unseren Tod hinaus im Kraftfeld des Geistes Gottes bewahrt sein. Das leere Grab trägt dazu nichts bei. Die Jünger erlebten den lebendigen Christus und hörten, was sie im Grunde schon wussten: »Ich lebe, und ihr sollt auch leben.« »Wie der Vater mich liebt, so liebe ich euch.« »Ich bin bei euch alle Tage.« »Wo zwei oder drei versammelt sind in meinem Namen, da bin ich mitten unter ihnen.« Worte, die sie früher gehört hatten, kehrten in einem neuen Sinn wieder. Neue Worte, die sie noch nie gehört hatten, wurden hörbar. Und diese Erfahrungen machten aus den erschreckten, verzagten Menschen eine lebendige, tätige, geisterfüllte Gemeinschaft.

Wenn es aber nun darum gehen soll zu sagen, wie wir Heutigen über Tod und Auferstehung denken könnten, so, dass es dem Evangelium von der Auferstehung Jesu Christi und von unserer eigenen entspricht, dann werden wir zwei Wege gehen müssen.

Der erste ist der, dass wir nachfragen, was denn heutige Menschen über den Tod und das, was ihm folgt, wissen können, was für Erfahrungen wir machen können, die uns unser spezifisches heutiges Bild vom Tode vermitteln.

Der zweite ist der, dass wir nachfragen, wie wir heute über unsere Welt nachdenken, über das Ganze des Universums und über die seltsame Rede von einem Diesseits und einem Jenseits.

Die folgenden zwei Kapitel nehmen diese beiden Fragen auf.

Es gibt Erfahrungen, die an die Grenze führen

10

Wir können heute über das Sterben mehr wissen

Mitten hinein in den Streit über die Auferstehung trafen in den letzten Jahrzehnten die Berichte über die so genannten Sterbe- oder Nah-Tod-Erlebnisse. Durch die immer wirksamer werdende ärztliche Kunst, Menschen, die als klinisch tot galten, ins Leben zurückzuholen, kamen auch zugleich immer mehr Berichte von ihnen zurück über das, was sie in der Zeit ihres »Totseins« erfahren hatten. Inzwischen hat sich eine ganze Wissenschaft ausgebildet, die sich solchen Berichten zuwendet, und es war nicht nur die bekannte Sterbeforscherin, die Ärztin Elisabeth Kübler-Ross, sondern nach ihr eine zunehmend breite Arbeit von Raimund Moody, Kenneth Ring und Carol Zaleski und unzähligen anderen seriösen Forschern, die an dieser Stelle zu neuen Einsichten führte. Es kann inzwischen kein Zweifel mehr bestehen, dass es sich um zutreffende Berichte handelt, nicht um krankhafte Träume. Was aber die Ergebnisse dieser Forschung für uns Christen bedeuten, haben schon vor fünfundzwanzig Jahren Johann Christoph Hampe in seinem gründlichen und heute noch wichtigen Buch »Sterben ist doch ganz anders« und nach ihm viele andere dargestellt.

Ich betone gleich zu Beginn dieser Überlegungen mit aller Entschiedenheit, dass dies nichts mit Schwarzer Kunst zu tun hat und nichts mit okkulten Praktiken. Es handelt sich vielmehr um konkrete Erfahrung normaler Menschen, die ernst genommen werden will wie jede echte Erfahrung, die uns begegnet.

Der Tatbestand ist zunächst folgender: Ein Mensch, der durch eine schwere Erkrankung oder durch einen Unfall in den Zustand gerät, den man als »klinisch tot« bezeichnet, wird mit Hilfe von Herzmonitor, Sauerstoffbeatmung, durch Injektionen von Adrenalin oder auf irgendeine andere Weise ins Leben zurückgeholt. An sich sollte man annehmen, dass Menschen, in deren Hirn keine messbaren Vorgänge mehr stattfinden, deren Herz nicht mehr schlägt, deren Atem ausgesetzt hat, keine Erfahrungen mehr machen könnten. Sie könnten weder sehen noch hören noch auch nur träumen. Aber die Zurückgekehrten berichten übereinstimmend, sie hätten noch nie so klar, so wach und deutlich gesehen und gehört wie in diesem Zustand des Totseins. Sie seien sich ihrer Identität voll bewusst gewesen. Sie hätten ihren leblosen Körper von außen und von oben gesehen. Sie hätten keine Grenzen und keine Mauern mehr um sich gehabt. Sie hätten sich bewegen können mit einer Leichtigkeit und Schwerelosigkeit wie nie in ihrem Leben. Sie seien einem großen Licht begegnet und hätten sich von einer großen Liebe umfangen gefühlt.

Das Erstaunliche ist die große Übereinstimmung zwischen den einzelnen Berichten. Zum Beispiel darin, dass sie nicht die Erfahrung eines Endes gemacht hätten, sondern eines Überschritts, einer Verwandlung. Dass der Tod nicht so sehr ein dunkler Abgrund sei, sondern viel mit Licht zu tun habe. Dass er nicht als Vereinsamung erlebt wird, sondern als Begegnung mit sehr wirklichen Wesen. Und nach nun dreißig Jahren der Forschung darf als sicher gelten, dass wir weder medizinische noch pharmakologische noch psychologische Mittel haben, diese Erfahrungen zu erklären. Man darf heute davon ausgehen, dass diese Menschen eine Wirklichkeit wahrgenommen haben, die anders ist, weiter und größer als die unsere. Und für uns fragt es sich einfach, ob die Konventionen unseres Denkens und unserer Vorurteile durchlässig sein können für neue Erfahrungen. Es fragt sich, wie viel Gewicht für unser Denken die Erfahrung hat, wie wir mit ihr umgehen, wenn sie etwas schildert, das uns fremd und neu ist. Ob also Erfahrungen für uns die Kraft haben, unsere ausgedachten Theorien zu ändern. Für mich selbst sind die genannten Forschungen auch dadurch belegt, dass eine meiner eigenen Töchter mit einer solchen Erfahrung aus dem Koma zurückgekommen ist.

Man hat immer wieder eingewandt, jene Tausende von Menschen, deren Erfahrungen dokumentiert sind, seien ja eben nicht gestorben, sondern vor ihrem endgültigen Tod wieder ins Leben zurückgekehrt. Aber bezweifelbar ist doch wohl nicht, dass sie eine erste Phase des Sterbevorgangs durchlebt haben und dass, was in der ersten Hälfte eines Vorgangs geschieht, durchaus Hinweise dafür geben kann, was in der zweiten Hälfte, dem endgültigen Überschritt in die andere Wirklichkeit, zu erwarten ist.

Natürlich ist man als Christ, zumal als Theologe, misstrauisch. Man hat es schwer, zu dem, was allerlei Geheimlehren behaupten, Zugang zu finden oder Zustimmung zu äußern. Und man wird leicht auf alles, was uns fremd ist und was wir als Theologen nicht gelernt haben, erwidern, dies alles könne so nicht sein. Aber es fragt sich noch einmal und mit noch mehr Gewicht, ob Erfahrungen, die so tausendfältig belegt sind, unsere überlieferten Meinungen korrigieren können, damit wir mehr erkennen, als uns bisher zugänglich war.

Es scheint sich so zu verhalten, dass wir bei unserem Tode zwar blind werden an unseren leiblichen Augen, dass wir aber in anderem Sinn sehend werden. Wir kommen also zur Welt, wir leben, sterben und erwachen. Was wir den Tod nennen, ist die Rückseite einer ganz anderen Form von Leben, und wir werden beim Überschritt dort hinüber mit einer uns hier nicht vorstellbaren Klarheit uns selbst und die Welt neu zu Gesicht bekommen. Wir sind nun einmal Wesen zwischen zwei Welten. Wir gehören nicht ganz in diese Welt und doch auch nicht ganz in die andere. Und es scheint sich dabei das Verhältnis zwischen Tod und Leben umzukehren: Nicht das Leben währt, bis der Tod es beendet, sondern wir sind in der Hand des Todes, bis wir frei werden und ins Leben treten.

Ich selbst bin kein Hellseher, kein Eingeweihter und kein Guru. Ich weiß nicht mehr, als wir alle wissen können, wenn wir mit offenen Augen zusehen, was da an der Grenze unseres Lebens geschieht. Aber es gibt Erfahrungen, und ich habe in meinem langen Leben viele gesammelt, Erfahrungen, die mir sagen, dass die Wand zwischen dieser und der anderen Wirklichkeit dünn ist und durchlässig. Das fing für mich vor fünfundfünfzig Jahren an. Es war Krieg, und alle paar Tage starb ein Kamerad, manchmal viele in wenigen Stunden. Ich habe dabei Menschen erlebt, die über Entfernungen von hunderten von Kilometern sagen konnten, was gleichzeitig so weit entfernt geschah. Oder andere, die wussten, dass ihr Tod nahe bevorstand, obwohl sie kerngesund waren und nichts von dem, was ihren Tod herbeiführte, zu sehen war. Ich bin überzeugt, dass die Welt dort, wo wir leben, nicht zu

Ende ist. Sie hat Bereiche oder Schichten oder Räume oder Dimensionen – wie man sagen will –, in die wir manchmal ein wenig hineinsehen; Schichten, die wir ahnen können, und Schichten, von denen wir nichts, gar nichts wissen.

Aber gehen wir den genannten Vorgängen des Sterbens und den Fragen, die sich dabei erheben, ein wenig nach.

11

Die »Nahtod-Erfahrung« und die Berichte der Zurückkehrenden

Gehen wir in die Einzelheiten. Insgesamt sind es wohl acht oder neun Elemente, die in den meisten Berichten erscheinen.

Zunächst dies: Die Person löst sich aus ihrem Körper und sieht ihn von außen. In der Regel wird die erste Überraschung so geschildert, dass der Weggehende über seinem Körper schwebt, zum Beispiel an der Zimmerdecke oder im Freien in Baumhöhe, dass er sehen kann, was er von der Position aus, in der sein Körper lag, unmöglich sehen konnte, etwa den Autostau, der sich nach seinem Unfall auf der Autobahn bildete, von dem er später erzählte, obwohl er im Gras am Hang der Trasse gelegen hatte. Ich möchte nicht gerne sagen, es habe sich die »Seele« vom Körper gelöst, sondern lieber: Die »Person« habe sich von ihm getrennt. Dieser Gesichtspunkt wird uns noch beschäftigen. Manche hören in diesem Zustand Töne oder Klänge, sie sehen Farben, zum Beispiel alles in rotes oder gelbes Licht getaucht. Sie empfinden sich schwerelos und beweglich. Sie empfinden, sie hätten einen Körper, aber einen andersartigen als bisher. Auch ihr Sehen sei anders als zuvor; es sei nicht ein Sehen aus einer bestimmten Richtung, sondern ein Sehen aus mehreren Richtungen zugleich, und es sei alles durchsichtig, durchscheinend, transparent. Es sei, sagen sie, alles überraschend und fremdartig gewesen; aber es sei keine Angst empfunden worden; alles sei rasch selbstverständlich und vertraut gewesen.

Sie sehen ihren eigenen Körper. Sie berichten, sie seien sich klar gewesen darüber, dass dies ihr früherer Körper sei, aber er habe keine Bedeutung mehr, er gehe den Weggehenden nichts mehr an. Sie hätten mit einigem Erstaunen wahrgenommen, wie viel Mühe sich die versammelten Helfer oder Ärzte um diesen uninteressanten Körper gemacht hätten. Sie hätten gehört, was die Menschen redeten, so dass sie nach ihrer Rückkehr alles wiedergeben konnten, sie hätten klar gesehen, in welcher Position ihr Körper lag. Aber das Sehen in diesem Zustand scheint von anderer Art zu sein. Blinde, die einen Unfall erlitten, berichten eingehend und zutreffend, was die Beteiligten an Kleidung getragen hätten. Bei einem Verkehrsunfall, bei dem ein Blinder angefahren wurde, konnte der Blinde nach seiner Wiederbelebung die Nummer des Wagens nennen, der den Unfall verursacht hatte. Auch das Hören findet anders statt. Sie hören nicht nur genau, was gesagt wird. Sie »hören« auch, was der eine oder andere der Beteiligten denkt, und sie können danach auch davon reden. Vor allem, sie erzählen von alledem nicht, wie man Träume erzählt, sondern sagen, sie hätten in ihrem Leben nie so klar sehen und so klar denken können wie in diesem Zustand. Sie erinnern sich an jedes Detail, und die Erinnerung daran bleibt bestehen. Es scheint ein Vorgang zu sein ähnlich dem, den Paulus meint, wenn er sagt, er habe Lust »aus dem Leib auszuwandern«.

Danach oder auch später erleben die Weggegangenen, wie ihr ganzes Leben noch einmal an ihnen vorüberzieht. Ein Film von atemberaubender Geschwindigkeit und Dichte spult sich ab. Sie begegnen ihrem ganzen Leben, auch Dingen, die sie längst vergessen hatten. Sie nehmen Worte, die sie gesagt, Gedanken, die sie gedacht, vieles von dem, was sie getan haben, wahr und erkennen, was zwischen ihnen und den Mitmenschen geschehen war. Einer berichtet: »Ich schien das Gute und das Böse in meinem Leben gegeneinander aufzuwiegen. Ich überlegte dabei, was passiert war, und fragte mich, ob es lohnend sei, dieses Leben weiterzuführen.« Ein anderer: »Es war, als bekäme ich einige gute Dinge, die ich getan hatte, zu sehen, und einige Fehler, und ich verstand sie auf einmal. Ich sagte mir: Darum also hatte ich diesen Unfall! Deshalb ist jenes passiert. Und alles hatte seine Bedeutung.«

Sie stellen fest, dass sie keineswegs allein sind, sondern umgeben von vielen anderen Menschen und auch Wesen anderer Art, mit denen es möglich ist zu reden, ohne dass Worte gebraucht werden müssen. Einfach so, dass man wahrnimmt, was sie denken, was sie wollen, und so kann man, ohne etwas zu sagen, ihnen auf mühelose Weise antworten. Unter ihnen seien oft auch Personen, mit denen man in seinem Leben verbunden war und die inzwischen gestorben waren. Man bemerkt, dass es weder Entfernungen gibt noch Zeitabstände und dass alle Begegnungen etwas bemerkenswert Müheloses haben.

Danach – oft auch schon unmittelbar nach dem Austritt der Person aus dem Körper – geschieht etwas Beklemmendes, das als gefährlich und beängstigend empfunden wird: Sie erleben, dass sie in irgendetwas hineingesogen werden, in eine Art Röhre oder Tunnel, oder auch, wie sie über eine Schwindel erregende Brücke gezogen werden. Es wird in der Regel dunkel, eng und bedrohlich, bis sie am Ende die Röhre wieder verlassen. Ein Bericht lautet so: »Ich trat mit dem Kopf voraus in einen tiefdunklen Raum ein, in den ich haargenau hineinpasste. Ich begann hinunter zu gleiten, tiefer und immer tiefer. Ich befand mich plötzlich in einem engen Durchgang, einer Art Rinne, etwa von der Breite dieses Stuhls, durch den ich mit dem Kopf voraus hinabglitt. Hände und Arme hatte ich seitlich angelegt. Es war stockfinster.« Da wir annehmen dürfen, dass solche Erfahrungen immer schon gemacht wurden, nur eben seltener berichtet wurden als heute, da die Medizin heute vielen die Rückkehr ermöglichen kann, die früher nicht zurückgekommen wären, so ist es kein Wunder, dass der Tod immer schon mit einer Geburt verglichen wurde, und dass alle diese Bilder auch als »mystische Schau« gedeutet worden sind. Und wenn wir bedenken, dass immer wieder Menschen sich des Vorgangs der eigenen Geburt genau erinnern – ich selbst kenne einen solchen Fall –, so ist die Metapher, der Tod sei eine Art von Geburt in ein anderes Leben, durchaus begreiflich.

Wenn sie aus der »Röhre« freikommen, so berichten sie, begegnen sie einem großen Licht, einem wunder-

72

bar hellen, das trotz seiner großen Lichtfülle nicht blende. Sie empfinden dieses Licht als Ausstrahlung eines Wesens, sie empfinden seine Güte und alles erfüllende Liebe und fühlen sich wohl und getragen. Eine so nie empfundene Kraft, ein großes, warmes Verstehen umgebe sie; und diese Liebe, in der sie für Augenblicke geborgen waren, bleibt ihnen als stärkste Erinnerung an ihre Reise in die andere Welt. Eine Frau berichtet: »Eine Fülle von Licht umstrahlte mich. Die Hauptfarbe war Rot, sie ging über in Gelb und Orange. Wenn ich sage ›umstrahlte‹, so ist mir das als eine Wirklichkeit erinnerlich, die sich der Art unseres Wahrnehmens entzog. Es war ein Wahr-nehmen im wörtlichen Sinn, ein Umfangenwerden von etwas so Liebevollem, Zartem, dass ich auch heute noch keine Worte dafür habe. Ich blieb anwesend bei vollem Bewusstsein und legte mich einfach, wie ich sagen würde, in diese große Hand von Licht hinein.«

»Es schien«, so berichtet einer, »als hätte ich plötzlich alles Wissen über den Anfang aller Dinge und deren Fortgang, über alle Geheimnisse aller Zeiten, die Bedeutung des Universums, der Sterne, einfach alles.« Ein neues Wissen hätte sie erfüllt, berichten viele. Es habe keine Probleme mehr gegeben und keine Fragen. Es habe alles im Licht vor ihnen gelegen, in der vollen Helligkeit des Verstehens. Dabei klagen die, die das »große Geheimnis« gesehen hatten, darüber, dass sie mit der Rückkehr in ihr körperliches Dasein diese Klarheit wieder verloren hätten. Und wir erinnern uns an Visionäre früherer Zeiten, deren Botschaft ein Stammeln war, das den Menschen das Unwichtige mitteilen konnte, während die großen, die wichtigen Dinge wieder verloren gingen. Man wisse danach nicht mehr, was man gewusst habe, ist die oft gehörte

Klage. Und wir dürfen gerne offen lassen, wie viele Schauungen der großen Mystiker im Grunde auch solche Nahtod-Erfahrungen gewesen sind.

Danach gelangen die Berichtenden an eine Grenze, an der sie aufgehalten werden. Oft auch erzählen sie von Wesen, die ihnen gesagt hätten: »Deine Zeit ist noch nicht da. Geh zurück!« Es ist wohl jene Grenze, die den endgültigen Tod markiert, den Punkt ohne Wiederkehr. Manche schauen sie als Zaun oder Mauer. Dann erleben sie eine Art von Ruck oder Schock und erwachen in irgendeinem Krankenbett oder auf einer Trage von Sanitätern.

Aber sie empfinden die Wiederbelebungsmaßnamen der Ärzte durchgehend nicht als hilfreich, sondern als Unheil. Bemerkenswert oft ist ihr erstes Wort nach dem Erwachen: »Warum habt ihr mir das angetan!« Sie fühlen sich um einen glücklichen, einen erlösenden Schritt betrogen. Eine Stimme: »Plötzlich fühlte ich, wie jemand nach mir griff. Ich konnte nicht mehr vorwärts. Meine Füße kamen nicht mehr vom Fleck. Ich suchte diese Hand, die mich von rückwärts fasste, zu überwinden. Ich hatte Schmerzen, während sich die Hand immer fester um mich legte und die Farben vor mir dunkler wurden. Sie verblassten schließlich, und es gab keine Töne mehr. Der Tunnel, aus dessen Enge ich mich dem großen Ausgang entgegengearbeitet hatte, wurde wieder schmal um mich, so eng, dass ich auf einmal Angst hatte. Die Hand zog mich zurück, immer weiter, in ein tiefes Dunkel hinein, das zuerst dunkelrot schien, dann aber schwarz wurde, so wesenlos schwarz, wie nur die ewige Nacht sein kann. Und dann war ich hier. Ich hörte Sie sprechen und empfand das Gefühl der Leere und der Traurigkeit. Aber Sie werden das alles nicht verstehen.«

Dies also sind die gemeinsamen Elemente, die aus der Nahtod-Erfahrung berichtet und oft mit dem Zusatz geschildert werden: »Man kann das nicht erzählen. Es gibt keine Worte dafür.« Oft auch schweigen die Zurückgekehrten, weil die anderen sie nicht ernst nehmen, weil sie es nicht wissen wollen, oder weil sie es für eine Halluzination halten oder einen Traum oder gar den Ausdruck einer geistigen Störung. Berichten sie aber wirklich, dann sagen sie übereinstimmend, diese Erfahrungen seien viel klarer und realer gewesen als alles andere in ihrem Leben, und nun, nach ihrer Rückkehr, versinke alles wieder in der Nebelhaftigkeit.

Es muss hinzugefügt werden, dass es auch Berichte gibt, in denen nicht, wie in der Überzahl, alles in Licht getaucht ist, sondern die von viel Dunkelheit, von Gefahr und Angst sprechen. Was für Menschen das waren, kann ich nicht beurteilen. Jedenfalls sind auch diese Berichte über die große Angst von derselben Klarheit wie die eben geschilderten Erfahrungen des großen Lichts.

12

Wie viel Wirklichkeit haben sie gesehen?

Vier Fragen möchte ich stellen. Zwei Feststellungen möchte ich treffen und zwei Einwände erheben, die mir nötig scheinen.

Erste Frage: Wie viel Wirklichkeit kommt den geschilderten Nahtod-Erfahrungen zu?

Es würde nicht weit führen, wollten wir diese Berichte schlicht unglaubwürdig finden oder als Zeichen von Krankheit oder Überspanntheit ansehen. Es führte auch zu nichts, wollten wir die unglaubliche Übereinstimmung zwischen den Berichten bestreiten. Das wirkliche Gespräch darüber beginnt damit, dass wir versuchen, sie zu deuten und auf diese Weise ihnen näher zu kommen. Waren die Zurückgekehrten wirklich tot? Berichten sie von einer Wirklichkeit, die unabhängig von ihrem seelischen oder leiblichen Ergehen besteht, oder nur aus der Landschaft ihrer eigenen Seele? Natürlich fanden Psychologen psychologische Erklärungen, Mediziner medizinische, Neurologen neurologische, Pharmakologen pharmakologische, aber keiner dieser Erklärungsversuche hat in den dreißig Jahren, die die Diskussion inzwischen währt, die wirklichen Vorgänge deuten können. Immer blieb ein erheblicher, nicht erklärbarer Rest. Auch die Theologie reagierte im Allgemeinen kritisch, wenn auch nicht immer ausreichend sachkundig, vor allem mit dem Einwand, dies alles sei ein Versuch, den Tod zu »verniedlichen«. Und für viele andere rückte das Phänomen »Nahtod-Erfahrung« in den Themenkreis UFO, Bermudadreieck, vorgeschichtliche Astronauten etc. ein. Aber es hat sich gezeigt, dass es weder dem einen noch dem anderen gelingen konnte, dem Ganzen dieser Erfahrungen beizukommen.

Was geschieht denn »in der Seele« und was in der »realen Welt«? Und was ist das für ein Gegensatz? Wenn ich sage, es sei etwas in der Seele eines Menschen geschehen, so ist damit noch wenig ausgesagt über die Wirklichkeit des Geschehens und über seine Wahrheit. Angenommen, ich sehe einen Menschen und reagiere mit starken Empfindungen, Gefühlen, Emotionen. Es spielt sich also etwas ab in mir, in meiner Seele. Ist damit bewiesen, dass es den Menschen, der dies alles auslöste, nicht gibt? Wenn die Seele etwas wahrnimmt, das über unsere schmale, »normale« Weltsicht hinausreicht, beweist das, es sei damit keine Wirklichkeit wahrgenommen?

Zweite Frage: Erfährt ein Afrikaner oder ein Inder beim Sterben etwas anderes als ein Europäer?
Nein. Das Erstaunliche ist eben, dass im christlichen Abendland und im Umkreis schamanischer Kulturen dasselbe erfahren wird wie etwa in Japan. Ob Christen oder Nichtchristen – sie erfahren alle dasselbe. Freilich – sie deuten, was sie erleben, verschieden, je so, wie es ihren Traditionen und ihrer Denkweise entspricht. Wenn sie vom »großen Licht« sprechen, dann ist dem Christen selbstverständlich, diese Liebe sei Christus gewesen, anderen, es sei Gott gewesen. Buddhisten berichten von einer Begegnung mit Buddha, Hindus von einer Begegnung mit Krischna, Shiva oder Deva. Sie geben dem, was sie schauen, einen Namen aus dem Umkreis ihrer religiösen Prägung. Sie sprechen von dem, was ihnen in diesem Leben das Höchste, das Reinste oder das Heiligste gewesen war. Aber das ist eigentlich nicht verwunderlich, sondern nur natürlich und im Grunde selbstverständlich. Alles, was wir wahrnehmen, wird mit eben dieser Wahrnehmung, die ja die je unsere ist, immer auch schon gedeutet, aber es hat seine Wahrheit unabhängig von unserer Deutung.

*Dritte Frage: Wie ordnen wir es ein, wenn die Zurück-
gekehrten von einer Begegnung mit Menschen sprechen, die ihnen im hiesigen Leben nahe gestanden
hätten?*

Hier setzen oft die kritischen Rückfragen ein.
Beweist das nicht, dass es sich um Wunschvorstellun-
gen handelt, die als Wirklichkeiten erscheinen?
Beweist aber die Tatsache, dass mir ein Wunsch erfüllt
wird, schon, dass ich mir dies eingeredet habe? Wenn
ein Kind sich eine Eisenbahn gewünscht und sie
bekommen hat, ist damit noch nicht erwiesen, diese
Eisenbahn sei nicht real. Andererseits: Es ist allgemein
bekannt, dass Menschen in diesem Leben Erscheinungen von Toten erleben können und dass sie auf diesem
Wege etwas hören, das sie sich selbst nicht erdenken
konnten, Mitteilungen erhalten, die nicht als Schöp-
fungen ihrer eigenen Phantasie gelten können. Wer
bestreitet, dass solche Dinge geschehen, hat sich wohl
nie wirklich damit befasst. Warum aber soll dann die
Welt der Toten, die schon hier in unserem Leben nur
durch eine dünne Wand von unserem Lebensraum
getrennt ist, für diejenigen, die vor uns in den Tod
gegangen sind, verschlossen sein?

*Vierte Frage: Wie werten wir die Konsequenzen, die
sich dem Zurückgekehrten für sein neu beginnendes
Leben auf unserer Erde ergeben, die Impulse, die er für
hier aufnimmt?*

Es ist ja bemerkenswert, dass die Erinnerung an das
Erlebte für den Rest seines Lebens nicht mehr erlischt.
Darin unterscheidet es sich von Traum oder Rausch.
Er sieht es nach Jahren noch so klar vor sich, als sei es
eben erst gewesen. Euphorische Erlebnisse verblassen.
Die Nahtod–Erfahrung aber bleibt gegenwärtig, und

zwar, wie viele sagen, mit großer Klarheit. Und vor allem: Sie urteilen anders als zuvor über die Weise, in der wir Menschen unser Leben zu führen pflegen. Sie sagen, sie hätten schlagartig gewusst, dass das einzige, auf das es im Leben ankomme, sei, dass sie liebten. Und zwar sagen sie das, ob sie Christen sind oder nicht. Viele sagen, es komme darauf an, Einsicht zu gewinnen, Verstehen, Weisheit. Und ein Drittes: Sie sagen, der Tod habe für sie alles Ängstigende verloren, sie sähen ihm gerne entgegen. Ein Viertes: Sie sind überzeugt, dass unsere Welt größer ist und dass sie mit all ihren viel weiteren Erfahrungsräumen mit der unseren dicht zusammenhänge. Und endlich: Sie bringen die Überzeugung mit, das Leben in dieser Welt finde seinen Sinn erst, wenn es mit dieser größeren Wirklichkeit im Zusammenhang stehe.

Daraus folgen zwei Feststellungen:

Die erste: Der Tod scheint kein Augenblicksgeschehen zu sein.

Er ist ein Übergangsvorgang, der längere Zeit in Anspruch nimmt. Er ist nicht so vorzustellen, wie plötzlich das Licht ausgeht, wenn einer es ausknipst. Er scheint vielmehr ein länger dauernder Prozess zu sein, von dem wir freilich nicht sagen können, wie lange er dauere. Eigenartigerweise erscheint für die Dauer des Sterbens in den Religionen der Welt da und dort übereinstimmend eine Zeit von ca. vierzig Tagen. So glauben Buddhisten, der Sterbeprozess komme nach vierzig Tagen an sein Ziel. Platon und andere sagen, nach vierzig Tagen trenne sich die Seele endgültig vom Leib. Die orthodoxe Kirche spricht von vierzig Tagen, und die katholische Kirche kennt das Sechs-Wochen-

Amt, das sie für den Verstorbenen beachtet, also eine Dauer von zweiundvierzig Tagen. Aber noch mehr: das Sterben beginnt ja mitten im Leben. Die Kräfte lassen in der Regel allmählich nach, bis sie so gering geworden sind, dass das Leben in das Sterben übergeht. Wer alt wird, kann die Belege dafür aus seiner eigenen Erfahrung sammeln. Das Leben umgekehrt scheint oft lange nach dem klinischen Tod zu Ende zu gehen und in eine Phase des Abschiednehmens, der Wandlung, des Neuwerdens einzutreten. Der eigentliche Grenzpunkt zwischen diesem Leben und einem ganz andersartigen Anfang aber scheint an der Stelle zu liegen, an der die Erfahrungen der Zurückgekehrten enden, an der sie etwas wahrnehmen wie einen Zaun oder etwas hören wie eine Stimme: »Geh zurück!« Freilich: Es ist müßig, nach einer Zeitdauer zu fragen, wenn wir annehmen, nach unserem Abschied von der Erde und dem Erlöschen unserer hier als Mittel der Erfahrung dienenden Sinnlichkeit werde die Zeit aufhören, messbare Zeit zu sein.

Entsprechend scheint aber eben auch der Vorgang, den wir mit Auferstehung bezeichnen, kein Augenblicksvorgang zu sein, sondern ein Weg, den wir gehen oder der mit uns gegangen wird. Es darf uns nicht überraschen, wenn das Evangelium immer wieder sagt, die Auferstehung beginne hier mitten im Leben, wenn also etwa der Kolosserbrief sagt:

»Seid ihr nun mit Christus auferstanden,
so sucht nach dem, was droben ist, ...
nicht nach dem, was auf Erden ist.
Denn ihr seid gestorben,
und euer Leben ist verborgen mit Christus in Gott.«

Kolosser 3, 1–3

Wann die Auferstehung einsetzt, ist offen. Wenn das Sterben aber praktisch mit der Geburt beginnt, so kann auch das Auferstehen zu irgendeinem Zeitpunkt während unseres Lebens beginnen. Wie das geschieht, in welchem Licht und durch welche Dunkelheit hindurch, können wir nicht wissen. Was wir von den Zurückgekehrten erfahren, hilft uns nicht zu einer endgültigen Klarheit, sondern allenfalls zu der Einsicht, es sei kein Widerspruch zwischen dem, was sie erfahren, und dem, was uns der christliche Glaube sagt. Jede Einsicht freilich, die in unmittelbarer Erfahrung gründet, hat ihre Wahrheit in sich selbst und kann nicht bewiesen werden. Sie bedarf auch keines Beweises.

Ich glaube jedenfalls, und damit weiß ich mich in Übereinstimmung nicht nur mit dem Evangelium, sondern auch mit der langen abendländischen Tradition, die vom Evangelium ausging und die unsere ganze Kultur bestimmt hat: Es gibt mehr Verbindungen zwischen drüben und hier, als die meisten unter uns meinen. Und es gibt zeitliche Überschneidungen zwischen Leben und Tod, Tod und Leben. Ich glaube zum Beispiel, dass ein Mensch, zu dem wir reden in der Stunde nach seinem klinischen Tod, hört, was wir sagen. Und ich glaube auch, dass die Toten uns Zeichen geben. Ich glaube an ein Finden und Begegnen, wie immer es geschehen wird, wie hier, so auch in der größeren Welt. Und ich glaube, dass nichts verloren geht, das in diesem Leben aus der Liebe hervorgegangen ist.

Zweite Feststellung: Es hätte keinen Sinn, wollten wir das Sterben verharmlosen.

Wenn der Übergang vom Leben in den Tod und vom Tod ins Leben so deutlich vor uns liegt, wie wir ihn heute sehen können, so bleibt in allem die Tatsache erhalten, dass wir uns selbst mitbringen in das neue Sein. Dass wir nicht unschuldig wie die Kinder hinübergehen, dass wir vielmehr belastet sein werden mit allem, was in unserem Leben geschehen und nicht geschehen ist, mit allem Verschulden und Versagen, mit allem, was missgedacht worden ist, missgesagt, missgetan. Mit den Lügen, die uns durch unser Leben begleitet haben, mit allem gewalttätigen Streben nach Überlegenheit, Erfolg, Macht, Besitz, Einfluss, Geltung. Das wird aus den Berichten der Zurückgekehrten überdeutlich: Es ist nichts vergessen. Es liegt alles offen da. Aber es wird von jener warmen Liebe, von der sie alle sprechen, von diesem hellen Licht aufgenommen, als würde es weggelegt, als verlöre es seine demütigende, zerstörende Kraft. Unter Christen sprechen wir vom »Gericht« und von der »Rechtfertigung«, von der »Vergebung« und vom Eingehen ins Reich Gottes. Und es hätte keinen Sinn, wollten wir den Ernst verkennen, der darin liegt, dass wir mit allem aufgenommen werden und dass dennoch unser hiesiges Leben uns nicht mehr hindern wird, in Gott zu sein.

Es hätte auch keinen Sinn, wollten wir das Leid verharmlosen, das mit dem Sterben so sehr oft einhergeht. Wir üben unseren eigenen Tod noch immer am besten dadurch ein, dass wir einen Todkranken, einen Sterbenden begleiten. Auch der Vorblick auf das weitergehende Dasein nimmt dem Tod nicht seine Rätselhaftigkeit und nicht seine Schwere, es nimmt nicht das Leiden und nicht die Schmerzen, und nur, wer nichts liebt, wird ohne das Elend des hilflosen Mitleidens auskommen. Es geht da um den mühsamen Weg der Einwilligung, um das Einüben des Durchblicks durch die Wand des augenscheinlichen Endes hindurch. Es geht um das, was wir Empathie nennen, das beteiligte, wache und aufmerksame Eingehen in die Zone, in der ein anderer leidet und sich ängstet. Dann aber hat der Tod nicht nur mit dem Schrecklichen zu tun, sondern auch mit Hingabe, mit Barmherzigkeit, mit verlässlicher Liebe und mit einem stellvertretenden Glauben, der dem anderen, der ihn nicht mehr aufbringt, beisteht.

Der Tod ist kein Anlass zu Heroismus oder Verzweiflung. Er ist Durchgang, Übergang, Stelle des Rückblicks und der Bereitschaft auf das Neue. Seine uns abgekehrte Rückseite ist das Leben. Er findet in derselben Gegenwart Gottes statt wie alles, was ihm vorausging und was ihm folgt. Und entscheidend wird sein, ob, was uns jenseits der Todesschwelle begegnet, ein Gesicht hat: das Gesicht des Christus, das für uns Christen schon während dieses Lebens die uns zugewandte Seite Gottes gezeigt hat.

Aber nun zwei Einwände:

Was können wir vom Evangelium her gegen das Bild einwenden, das uns die Nahtod-Erfahrungen vermitteln? Zunächst: gar nichts. Was geschildert wird, ist mit dem christlichen Glauben voll vereinbar. Aber danach zwei sehr entscheidende Dinge:

Einmal: Es gibt vieles, das wichtiger ist als unser persönliches Geschick.

Wenn Jesus über die Zukunft spricht, dann nur selten über unsere persönliche. Fast immer geht es ihm um das gemeinsame Ziel, auf das wir zugehen. Er stellt uns die Zukunft der Menschheit vor Augen, die Zukunft der Erde, die Zukunft der ganzen Schöpfung und nennt das große Zielbild »Reich Gottes«. Damit sagt er: Es kann für dich nicht maßgebend sein, dass du »in den Himmel« kommst, sondern dass dieses Zielbild vom Reich des Friedens und der Gerechtigkeit dein kurzes Leben auf dieser Erde bestimmt. Dass du dafür dein Leben einsetzt. Dass du dafür wirkst.

Deshalb sagt Jesus im Vaterunser nicht: Lass uns in den Himmel kommen! Sondern: Dein Reich komme zu uns! Es komme im Umkreis unseres hiesigen Lebens zum Vorschein. Wenn wir aber zwischen unserem Seelenheil und dem Reich Gottes die Prioritäten vertauschen, kann alles falsch werden, was wir uns ausdenken über unseren eigenen Weg durch den Tod hindurch und ins Leben.

Mir ist immer ein wenig unbehaglich, nein, ich finde es einfach falsch, dass in unserem Glaubensbekenntnis zwar von der Vergebung der Sünden die Rede ist, von der Auferstehung der Toten und vom ewigen Leben, aber mit keinem Wort von dem, was Jesus das Zentrale war, das Wichtigste: das Reich Gottes. Viel, was in unserem normalen Christenglauben kleinkariert bleibt, hängt mit dieser Vertauschung des Wichtigen mit dem weniger Wichtigen zusammen. Also bitte: Nehmen wir uns nicht wichtiger als wir sind!

Der Sinn unserer Begegnung mit dem Evangelium ist ja eben der, dass es uns aus unserer Ichsucht befreit. Können wir also dem Evangelium begegnet sein, solange unser eigenes Heil im Mittelpunkt unseres Interesses steht? Nein, das Vaterunser ist genauer: Es sagt: Das Erste und Wichtigste ist, dass uns nichts wichtiger ist als Gott und sein »Name«, das heißt seine überragende Heiligkeit. Und das Zweite und ebenso Wichtige ist sein Reich; das heißt: die Wirklichkeit seiner Herrschaft und die Erlösung dieser Welt, und das Dritte und für uns Maßgebende sein Wille, der hier und dort gelten soll.

Wenn ich Jesus zuhöre, dann sagt er mir: Du kannst dich dehnen. Du kannst dich weiten. Aus deiner kleinen Zeit in eine große Zukunft. Aus dem kleinen Umkreis deines Lebens in das Gottesreich. Wenn du Menschen siehst mit ihren Schicksalen, ihren Ängsten und Irrtümern, dann dehne dich, weite dich aus deinem kleinen Ich hinaus in die Barmherzigkeit, in das Mitgefühl, in eine praktische, spürbare Liebe. Schotte dich nicht ab. Maure dich nicht ein. Öffne dich allem, was dir begegnet. Du wirst eines Tages in eine größere Welt eingehen. Du wirst Bürger einer größeren Wirklichkeit sein, die ich das Reich Gottes nenne. Wenn du also nicht weißt, was du tun sollst, dann tu etwas, durch das dein innerer Mensch sein Format gewinnt, seine Aufgabe findet, sein Zielbild. Du nimmst dabei deine eigene Auferstehung vorweg. Du wirst erkennen, dass du mehr kannst, als du bislang meintest. Dass du Kräfte hast, die du noch nicht kanntest, und zwar jetzt schon. Und erst danach wage ich zu vermuten, dass wir überwältigt sein werden von der Lebensfülle, Lebenskraft und Schönheit dessen, was uns nach unserem Tod begegnen wird. Das Reich Gottes ist einen Traum wert. Alles, was an Heil und an Leben auf uns Menschen und auf die Welt zukommt, ist wert, dass wir ihm nachträumen, nachglauben. Der erste Einwand meint also: Das Größere ist unendlich viel wichtiger als dein kleines Heil.

Ein zweiter Einwand: Wenn ich die Nahtod–Erfah-
rungen richtig beurteile, dann bewirken sie unver-
merkt eine stete Sehnsucht aus der Welt hinaus.

Die Grundintention des christlichen Glaubens aber
geht in umgekehrte Richtung. Dann aber ist die Frage,
die übrig bleibt, die: Gilt mein Dasein der Vorbereitung auf das Jenseits? Oder habe ich hier eine Aufgabe,
und hat dieses Leben seinen Sinn hier in seinem eigenen Zusammenhang?

Zwischen Jenseitssehnsucht und Diesseitsbereit-
schaft hatten das Judentum ebenso wie der christliche
Glaube immer zu wählen, und sie taten es mit über-
wiegender Kraft so, dass sie den Gehorsam gegen Gott
im Diesseits zu bewähren suchten oder dass sie die
Nachfolge des menschgewordenen Christus einübten.
Immer wieder war die Gefahr die, dass eine dualisti-
sche Weltsicht das Diesseits als schlecht, als böse, als
uneigentlich ansehen wollte, das Jenseits aber als das
bessere, das gute, das eigentliche Leben. Und die Aufgabe war die, das leibliche, das irdische Leben nicht zu
verlassen, sondern mit den Kräften des Geistes zu
bewegen, zu gestalten und zu bewältigen.

Nun kann die menschliche Seele zwei Richtungen
einschlagen: sie kann sich auf dem Wege der meditati-
ven Versenkung in das erhoffte Jenseits einleben, und
sie kann ihre spirituellen Bemühungen auf die gute
Schöpfung Gottes richten, auf die Probleme und Aufgaben der menschlichen Gesellschaft auf dieser Erde,
und kann die Kräfte des Jenseits herunterbitten in die
Auseinandersetzung mit den konkreten Schwierigkeiten dieses irdischen, leiblichen Lebens. Der zweite
Einwand also sagt: Die Richtung deines Lebens geht in
die Praxis in dieser Welt, nicht aus ihr hinaus.

Jesus jedenfalls wirkte in dieser Welt, und er suchte Nachfolger, die gleich ihm bereit waren, in dieser Welt zu wirken. Als er sich von den Seinen verabschiedete, kündigte er ihnen den Geist Gottes an, der ihnen helfen werde, in dieser Welt das ihre zu tun. Sie sollten also ihre Hauptblickrichtung nicht auf das Jenseits richten, sondern der Richtung des herabsteigenden Gottesgeistes folgend liebevoll und opferbereit sich an diese Welt und ihre Heilung hingeben. Denn die Macht des Todes ist erst dann wirklich überwunden, wenn sie bis tief herab und herein in der Schöpfung überwunden wird, wenn also die Schöpfung, die aus dem Geist Gottes ist, für immer mit dem Geist Gottes durchdrungen ist.

13

Die Erfahrungen der Zurückgekehrten liegen nahe bei denen von Mystikern und Visionären

Man hat diese Abstecher ins »Jenseits« immer wieder mit den mystischen Erfahrungen verglichen, die aus früheren Zeiten der christlichen Geschichte berichtet werden. Hier lässt sich nur sagen: Da ist vieles, das genau den Nahtod-Erfahrungen heutiger Menschen entspricht, und vieles andere, das mit ihnen in keiner Weise zu vergleichen ist. Der Grund dürfte der sein, dass wir von vielen Berichten nicht genau wissen können, ob hier Nahtod-Erfahrungen oder mystische Schauungen während des Lebens berichtet werden. Wenn etwa Paulus davon berichtet, er sei entrückt worden bis in den dritten Himmel und er wisse nicht, ob er im Leib gewesen sei oder außerhalb seines Leibes, er habe unaussprechliche Worte dabei gehört, die ein Mensch nicht aussprechen dürfe und könne (2. Korinther 12,1–4), so können wir nicht wissen, ob dies geschah während einer kritischen Phase seiner Krankheit, also als Nahtod-Erfahrung, oder ob es geschah als mystische Vision. Und diese Ungewissheit bezeichnet im Grunde das meiste, das uns als Vision, als Himmelsreise, als Jenseitserfahrung berichtet wird.

Wenn die Ikonografie des Mittelalters den Abschied der Seele aus dem Körper als Ausfliegen aus dem Mund des Sterbenden schildert oder wenn Jesus die Seele der Maria im Arm hält, während sie tot auf dem Lager liegt, so mag man das als Spekulation deuten, als fromme Gedanken, oder aber als Ausdruck für die Austrittserfahrung während des Nahtod-Erlebnisses. Und sicher war eben das Nahtod-Erlebnis, das nicht in seiner Besonderheit gesehen wurde, der Hintergrund für viel, was in der mystischen Tradition über mystische Erfahrungen berichtet wird.

Der angelsächsische Gelehrte Beda aus dem 8. Jahrhundert berichtet von einem gewissen Drythelm; dieser sei nach schwerer Krankheit abends gestorben, am anderen Morgen aber wieder erwacht. Er habe von seinen Erlebnissen berichtet, die natürlicherweise von der Bilderwelt mittelalterlicher Frömmigkeit geprägt waren, und am Ende erklärt: »Mir wurde erlaubt, wieder unter den Menschen zu leben, aber von heute an nicht mehr so wie früher, ich muss ein ganz neues

Leben beginnen.« Und nach ihm gibt es im ganzen Mittelalter eine breite Literatur zu solchen Visionen oder Jenseitserfahrungen, bei denen auch der Lebensrückblick und andere Elemente der Nahtod-Erfahrungen regelmäßig wiederkehren. Endlich wird auch immer wieder berichtet, der Visionär oder der Tote habe eine Stimme gehört: »Deine Zeit ist noch nicht da. Geh zurück!« So hört auch Drythelm: »Du musst zurückgehen in deinen Körper und wieder unter den Menschen leben.« Die Rückkehr aber geschieht zur großen Trauer Drythelms. Diese Berichte ergehen in großer Vielfalt durch alle Jahrhunderte hin.

Und wenn C. G. Jung von einer solchen Vision berichtet, die ihm selbst widerfuhr, während er einen Herzinfarkt erlitt, so liegt das, was er erzählt, irgendwo zwischen mystischer Schau und einer Nahtod-Erfahrung:

»Ich hätte nie gedacht, dass man so etwas erleben könnte, dass eine immer während Seligkeit überhaupt möglich sei. Die Visionen und Erlebnisse waren vollkommen real; nichts war anempfunden, sondern alles war von letzter Objektivität.

Man scheut sich vor dem Ausdruck ›ewig‹, aber ich kann das Erleben nur als Seligkeit eines nicht-zeitlichen Zustandes umschreiben, in welchem Gegenwart, Vergangenheit und Zukunft eines sind. Alles, was in der Zeit geschieht, war dort in eine objektive Ganzheit zusammengefasst. Nichts war mehr in der Zeit auseinander gelegt oder konnte nach zeitlichen Begriffen gemessen werden. ... Ein unbeschreibliches Ganzes, in das man mit verwoben ist; und doch nimmt man es mit völliger Objektivität wahr« (Erinnerungen, Träume, Gedanken S. 299). Und er fährt fort: »Nach der Krankheit begann eine fruchtbare Zeit der Arbeit für mich. Viele meiner Hauptwerke sind erst danach entstanden. Die Erkenntnis oder die Anschauung vom Ende aller Dinge gaben mir den Mut zu neuen Formulierungen. Ich versuchte nicht mehr, meine eigene Meinung durchzusetzen, sondern vertraute mich dem Strom der Gedanken an. So kam ein Problem nach dem anderen an mich heran und reifte zur Gestaltung.

Es war aber noch ein anderes, das sich mir aus der Krankheit ergab. Ich könnte es formulieren als ein Jasagen zum Sein – ein unbedingtes ›Ja‹ zu dem, was ist, ohne subjektive Einwände. Die Bedingungen des Daseins annehmen, so wie ich sie sehe – so wie ich sie verstehe. Und mein eigenes Wesen akzeptieren, so wie ich eben bin. ... Denn auf diese Weise ist ein Ich da, das auch dann nicht versagt, wenn Unbegreifliches geschieht. Ein Ich, das aushält, das die Wahrheit erträgt, das der Welt und dem Schicksal gewachsen ist. Dann hat man mit einer Niederlage auch einen Sieg erlebt« (Erinnerungen, Träume, Gedanken, S. 200 f.).

Vom großen Licht, das der Mystiker schaut, wird oft etwa so gesprochen: Es ist kein totes Licht, sondern ein lebendiges, schöpferisches, lebenschaffendes. Es ist kein kaltes, sondern ein warmes, wärmendes. Es ist die Liebe, die die Liebe im Menschen weckt.

Ein Mensch, der aus der Nahtod-Erfahrung zurückkehrt, wird bestätigen – auch wenn er weit davon entfernt ist, ein Mystiker zu sein –, so oder sehr ähnlich habe er das große Licht geschaut. Wenn ich aber selbst keinerlei Bedenken habe, die beiden Ebenen der Erfahrung für Wahrnehmungen einer Wirklichkeit zu halten, und zwar einer und derselben, so geht das auf meine eigenen Erfahrungen während meiner Kindheit und Jugend zurück, die in weniger intensiver Weise als damals durch mein ganzes Leben wiederkehrten. Ich habe davon in »Dornen können Rosen tragen« (S. 46–54) berichtet. Ich kann nur sagen: Was das »große Licht« ist, das stand mir schon als Kind in unvergesslichen Erfahrungen vor der Seele, und es hat mein ganzes Denken bis zum heutigen Tag geprägt. Was die Realität des Erfahrenen angeht, die Schwerelosigkeit, in der der Erfahrende sich findet, und das Vertrauen, das durch sie und durch diese Erfahrung der großen Liebe gestiftet wird, so wird mir, mit Paulus zu sprechen, »solange ich in diesem Leibe bin«, niemand meine Überzeugung nehmen.

Es wäre nun reizvoll, die Gleichartigkeiten und die Unterschiede zu den mystischen Erfahrungen zu zeichnen, die aus fremden Religionen berichtet werden. Vom Tibetanischen Totenbuch zu reden oder von der ägyptischen Nachtod–Tradition. Es wäre insbesondere verlockend zu fragen, was denn diese Nahtod-Erfahrungen über die mögliche Reinkarnation des Verstorbenen aussagen, etwa auf welche durchaus überzeugende Weise Emanuel Swedenborg, wohl der größte christliche Seher der Neuzeit, die Lehre von der Reinkarnation aus seinen eigenen geistigen Erlebnissen widerlegt, wie er déja-vu-Phänomene und Rückerinnerungen erklärt. Aber dazu wäre ein eigenes, umfangreiches Kapitel nötig, und es würde den schmalen Rahmen dieses Bändchens sprengen. (Wer dem nachgehen will, dem sei der Aufsatz von Friedemann Horn »Reinkarnation und christlicher Glaube« in A. Rosenberg, »Leben nach dem Sterben«, Kösel Verlag, empfohlen.)

Auf alle Fälle liegt über dem Sterben, seit wir diese Erfahrungen der Sterbenden kennen, ein Glanz, auf den sich viele freuen. Ähnlich dem Gleichnis Jesu, in dem der treue Knecht angeredet wird: »Geh hinein in die Freude deines Herrn«; das heißt: Geh in die Begegnung mit deinem Herrn. Er wird sich über dein Kommen freuen.

14

Wir beachten: Es gibt primäre und sekundäre Erfahrungen

Noch eine Klärung ist nötig. Unbezweifelbar gibt es verschiedene Ebenen, auf denen die Erfahrung eines Menschen geschehen kann.

Was die Urgemeinde erfahren haben muss, das sie aus der Depression der Passionstage herausgeführt und ihr die unerklärliche Zuversicht und Tat- und Leidensbereitschaft vermittelt hat, ist schwer mit normalen Sinneserfahrungen zu vergleichen. Was Paulus vor Damaskus erfahren und was ihn und sein ganzes Denken und Glauben von Grund aus verändert hat, was einzelnen Christen im Lauf von zweitausend Jahren widerfahren ist an Visionen, an Auditionen, an Erfahrungen ihres Einsseins mit Gott, liegt auf einer ähnlichen Ebene. Es ist eine Erfahrung, die wir primär, das heißt: unmittelbar und original, nennen. Das will sagen: Es ist eine Erfahrung unmittelbar an der Wirklichkeit und nicht eine Erfahrung aufgrund von etwas, das einer gelernt hat, das ihm gesagt oder vermittelt worden ist.

Auf der anderen Seite berichten Menschen immer wieder von der Erfahrung, dass ihr Leben in ihrer Hingabe an Gott in Ordnung oder zur Erfüllung kam, dass darin etwas Erlösendes lag, dem sie nun vertrauen können. Sie sagen, ihr Leben habe sich verändert. Auf der Grundlage dieses veränderten Lebens machen sie Erfahrungen, die ihnen bestätigen: So ist es. Sie gehen nicht über das hinaus, was sie sehen, feststellen oder vorzeigen können, und sprechen doch mit Recht von Erfahrungen. Das heißt: Die primäre Erfahrung eines anderen hilft ihnen zu eigener, konkreter, aber sekundärer Erfahrung, die dann für ihr ganzes inneres und äußeres Leben sinnstiftend wirkt, klärend und befreiend.

Was wir christlichen Glauben nennen, steht ganz und gar im Rahmen solcher sekundären Erfahrung. Glauben heißt, sich auf ein Wort, das von Gott, von Christus, vom Heiligen Geist überliefert ist, einlassen und sein Leben darauf gründen. Glauben heißt, die Glaubenserfahrung der ersten Christen, Jesus Christus sei auferstanden, aufnehmen und seine Hoffnung auf sie gründen. Glauben heißt, die vielen Zeugnisse aus der Geschichte des Volkes Israel vor Christus und aus der Zeit der Kirchengeschichte seit ihm hören, vergleichen und, was mit dem Wort und dem Weg Jesu Christi übereinstimmt, aufnehmen, die »Wolke der Zeugen«, von der Hebräer 12,1 die Rede ist, und ihre teils primären, teil sekundären Erfahrungen zur Klärung und Festigung des eigenen Glaubens heranziehen. Paulus sagt von solcher sekundären Erfahrung mit Recht: »Wir leben im Glauben und nicht im Schauen« (2. Korinther 5,7). Für ihn selbst war die primäre Erfahrung seiner Christus-Erscheinung vor Damaskus ebenso wie die seiner »Entrückung ins

Paradies« die strenge Ausnahme. Und Jesus selbst wehrt primäre Erfahrung für den Normalfall mit dem Wort ab: »Hören sie Mose und die Propheten nicht, so werden sie auch nicht hören, wenn ihnen jemand von den Toten erscheint« (Lukas 16,36). Denn die Anrede durch Gott ergeht »von außen«, von einem Menschen her, von einer Tradition her, von einem Bericht aus, und es bleibt die seltene Ausnahme, dass sie als »inneres Wort« ergeht, von dem indes immer wieder berichtet wird.

Nun liegt in der primären religiösen Erfahrung immer eine Gefahr. Da einem Menschen, der von ihr heimgesucht worden ist, alles falsch und irrig erscheinen muss, was ihr nicht ähnlich ist oder ihr entspricht, treibt sie den Erfahrenden leicht aus den überlieferten Formen des Glaubens und aus überkommenen Gemeinschaften hinaus, und es mag dann zu seiner Vereinzelung kommen oder auch, wenn er von großer Wirkungsmächtigkeit ist, zur Spaltung der Kirche oder zu neuen und eigenen Gemeinschaften in ihr. Insoweit ist auch das so genannte Turmerlebnis Martin Luthers von der Art einer primären religiösen Erfahrung, wie sie bei unzähligen Mystikern undVisionären zur Spaltung der Kirche und zur Gründung von Freikirchen, Sekten oder Orden geführt hat. Selten aber entstand dabei eine Kirche, die »reiner« war als andere oder dem Wort und Weg ihres Gründers näher. So steht bei Paulus, in 1. Korinther 14,29, der primären Gotteserfahrung Einzelner mit Recht die Bindung an die Gemeinschaft der Glaubenden gegenüber und das Recht der Gemeinschaft, zu prüfen, aus welchem Geist hier gesprochen und gehandelt wird. »Ihr Lieben«, schreibt auch Johannes, »glaubt nicht einem jeden Geist, sondern prüft die Geister (das heißt die Erfahrungen, von denen geredet wird), ob sie von Gott sind, denn es sind viele falsche Propheten in die Welt ausgegangen« (1. Johannes 4,1).

Nun ist aber alles, was an Nahtod-Erfahrungen berichtet wird, nicht der zweiten, sondern der ersten Form von Erfahrung zuzuordnen. Es schließt an nichts an, das der Erfahrende hätte vorher wissen, sich vorstellen oder von anderen übernehmen können. Es geht auf keine Tradition und keine Lehre einer Kirche zurück. Es ist primär. Dies aber ist nicht nur ein Grund, es sehr ernst zu nehmen, sondern auch ein Grund, es mit Vorsicht zu beurteilen und zu prüfen, wohin es führt, wenn wir uns solchen Erfahrungen anvertrauen. Wenn sich freilich dabei ergeben sollte, dass wir Grund haben, hier Wahrheit zu vermuten, dann empfiehlt es sich, nicht nur diese Erfahrungen, sondern auch unseren eigenen Glauben daraufhin zu prüfen, ob er nicht manches enthält, das unserem Wunschdenken, unserer Gewohnheit oder unserer Angst entspringt. Denn nicht alles, was sich als christlicher Glaube ausgibt, ist auch nur im vollen Sinn sekundäre, das heißt Glaubenserfahrung.

Zuletzt aber gilt, was Paulus in 1. Korinther 12–14 darstellt: dass er bei aller Wertschätzung primärer Erfahrungen, die er »Geistbegabungen« nennt, den Zusammenhalt unter den Menschen einer Gemeinde und die praktische Hingabe, die die Liebe meint, an die erste Stelle setzt. Wollte mich also eine noch so starke eigene Erfahrung von den Menschen trennen und wollte sie gar auf Wege führen, die gegen die Liebe verstoßen, so täte ich besser, meine Erfahrung zu vergessen und mich bescheiden und einfach in die Gemeinschaft der Glaubenden einzufügen.

Der Schritt aufs Wasser

15

Ostern ist eine Christusgeschichte

Ich habe anfangs davon geredet, eine Straße könne auf dreifache Weise enden: an einem Verbotsschild – in einer Weglosigkeit – und vor einer gebrochenen Brücke oder einem reißenden Fluss.

Verbotsschilder haben wir nicht anerkannt. In einer gewissen Weglosigkeit haben wir uns inzwischen versucht zurechtzufinden. Aber nun stehen wir an jenem dritten Punkt, von dem ich sagte, hier führe keine Straße weiter. Hier sind alle Brücken abgerissen und wir müssen unsere Fahrzeuge verlassen und aufs Wasser treten. Wir brauchen von jetzt ab keine Kenntnis mehr, wie wir weiterkommen könnten, sondern nur noch den Glauben, der nichts mehr ist als Glaube.

Das Ende unseres Wissens liegt für die meisten Menschen dort, wo ein Mensch die Augen schließt und stirbt. Wir haben diesen Endpunkt ein wenig hinausgezogen und bis zu der Grenze weitergedacht, an der jene Zurückgekehrten an eine Mauer oder einen Zaun kamen, an die Grenze jenes Punktes ohne Wiederkehr. Wir haben gesehen, dass man von Erfahrungen durchaus bis zu diesem Punkt reden kann. Aber nun beginnt sozusagen die zweite Hälfte des Sterbens, und an ihr verlassen uns unsere Kenntnis, unsere Erfahrung und unser Nachdenken ganz und endgültig.

Was wird nun aus uns jenseits jenes Zauns? Was wird uns widerfahren? Wem oder was werden wir begegnen? Wir haben vermutet, was zwischen dem klinischen Tod und jener Grenze geschehe, lasse den

Schluss zu, irgendwie sei dieser Weg auf eine Fortsetzung hin angelegt. Er werde sinnlos, wenn nach ihm ein endgültiges »Aus« gesprochen werde. Aber was wir danach finden und erfahren werden, können wir auf keine Weise wissen, es sei denn, wir setzen unseren Fuß aufs Wasser in dem Glauben, das Wasser werde tragen.

Von Jesus Christus haben wir gesprochen. Von seinem Auferstehen und Erscheinen. Von dem, was die Seinen von ihm geschaut und gehört haben. Hier müssen wir noch einmal ansetzen, wenn es um unseren Weg jenseits des Zauns gehen soll. Und woran halten wir uns fest, wenn wir über diesen Weg jenseits des Zauns nachdenken?

Wir haben von der Auferstehung des Christus so gesprochen, als sei sie nichts weiter als das, was uns allen widerfahre. Das heißt, wir haben nur von ihrer Tatsache, von ihrem tatsächlichen Geschehen gesprochen, nicht davon, was sie uns bringe, was sie uns bedeute, was durch sie anders geworden sei als zuvor in der Menschheitsgeschichte. Das müssen wir jetzt dringend nachholen.

Der Weg, den Christus von Gott her in diese Welt gekommen ist, sein Weg auf dieser Erde von Betlehem über Galiläa bis ans Kreuz in Jerusalem, und sein Weg aus dem Tod ins Leben kann an keiner Stelle unterbrochen werden. Es ist ein Weg, ein einziger, ein folgerichtiger, und keine Einzelheit kann gesehen werden ohne diesen großen Zusammenhang. Es war ein Weg, der in Gott begann, der mit Gott verlief auch auf dieser Erde, und der danach zu Gott zurückführte.

Was meint die Nachricht, die uns das Evangelium gibt: Jesus kam von Gott oder aus Gott? Es sagt ja nicht, wir alle kämen wie er aus Gott. Es sieht in seinem Kommen einen singulären Vorgang. Es sagt uns: Wenn du Gottes Stimme hören willst, hier spricht sie. Wenn du Wahrheit finden willst, hier ist der, der sie eröffnet. In seinem Kommen aus Gott liegt der Nachweis seiner Vollmacht. »Ich bin der Weg, die Wahrheit und das Leben«, sagt er am Ende seines irdischen Lebens, und wenn wir ihn wirklich verstehen wollen, dann dürfen wir diesen Anspruch nicht einebnen auf den Anspruch, den andere Zeugen Gottes erhoben haben.

Während seiner Zeit auf dieser Erde sprach er von Gott, von seiner Heiligkeit, von seiner Barmherzigkeit und seiner Väterlichkeit, und er zeigte, was er damit meinte, an seinem eigenen Umgang mit Menschen, an seiner heilenden und helfenden Kraft, an seiner Barmherzigkeit mit den Armen und Verlassenen und an seinem Einstehen für die Wahrheit seiner Botschaft bis in den Tod. Sein Tod war das Siegel auf sein Wort und sein Tun. »Wer mich sieht, sieht den Vater«, hatte er gesagt. Und dass an ihm in der Tat der Vater sichtbar geworden ist, das besiegelte er durch sein Leiden und Sterben, durch das wir Menschen den Weg finden sollten aus dieser Welt in die Lichtwelt Gottes, die er denen ansagte, die ihm glaubten. Seit Jesus Christus sehen wir sozusagen das Gesicht Gottes auf uns gerichtet in Freundlichkeit, im Gesicht des Christus.

In seiner Auferstehung sehen wir darum nicht nur die Tatsache, dass er einen Weg weiterging, wie wir alle ihn gehen werden bis an jenen Punkt ohne Wiederkehr. Wir sehen ihn vielmehr weitergehen, »zum Vater«, wie er sagt. Und wir vertrauen darauf, dass wir, die ihm glauben, mit ihm zu eben jenem Vater gehen werden, den er uns gezeigt hat. Die Apostelgeschichte

(3,15; 5,31) spricht von Christus als vom »Anführer«, ebenso wie der Hebräerbrief (2,10 und 12,2); der Hebräerbrief aber nennt ihn auch den »Vorausgänger« (6,2o), den Vorausgänger zum Vater oder den Vorausgänger zum Heil, ins Licht. Wollen wir also irgendetwas verstehen von unserem weiteren Weg jenseits des Zauns, dann müssen wir in seine Spur treten. Ihn im Auge behalten und den Fuß endgültig aufs Wasser setzen. Hinter dem her, von dem das Evangelium erzählt, er habe auf dem Wasser – was immer es damit gemeint hat – gehen können. Auferstehung – und ich meine jene Auferstehung, die uns jenseits des Zauns, an dem unsere Erfahrung endet, widerfahren wird – ist eine Christusgeschichte und kann ohne Christus auf keine Weise vor unseren Augen erscheinen. »Ich lebe«, hat er gesagt, »und ihr sollt auch leben.« Jenseits des Zaunes, hinter dem die Ewigkeit beginnt.

16

Ostern ist eine Schöpfungsgeschichte

Die Schöpfungsgeschichte redet vom Geist Gottes als von einer göttlichen Kraft, die diese Welt aus dem Chaos herausgedacht und herausgestaltet habe. Wenn ich von Auferstehung rede, dann rede ich von einer Schöpfungsgeschichte, und ich versuche, mit meinem eingeschränkten Verstehen dem schaffenden Geist Gottes nachzudenken.

Die Paradiesesgeschichte erzählt, Gott habe dem aus Erde gebildeten Menschen seinen Geist in die Nase geblasen. Sie sagt damit, alles Leben sei Leben aus dem Geist Gottes. Wenn ein Mensch zum Leben kommt, so ist das erste, dass er anfängt zu atmen. Und die Bibel will sagen, er atme mit diesem ersten Atemzug gleichsam Gott ein. Wenn er stirbt, so gibt er seinen Atem zurück. Auferstehung aber wäre dann das große Ereignis, dass ein Mensch aufs Neue Gott einatmet, ihn schaut, ihn preist, glücklich ist und sein neues, ihm dann anvertrautes Werk anfasst. Wer atmet, lebt dadurch, dass Gott in ihm ein- und ausgeht. Dass er ein Ort ist, an dem das Werk Gottes geschieht.

So sah es schon das Volk des Alten Testaments. Diesen Schöpfungsgedanken aber nimmt nach Jesus Christus Paulus im Römerbrief auf und schreibt einen wahren Hymnus über seine Hoffnung auf die Neuschöpfung von uns Menschen und die Neuschöpfung der Welt:

»Denn die sich von Gottes Geist
führen lassen,
die sind Töchter und Söhne Gottes.
Ihr habt nicht einen Geist
der Knechtschaft empfangen,
so dass ihr euch wieder zu fürchten hättet,
sondern einen Geist der Kindschaft,
der uns erlaubt, zu rufen: Lieber Vater!
Gottes Geist bezeugt eurem eigenen Geist:
Ihr seid Gottes Kinder!
Sind wir aber Kinder,
so haben wir Hausrecht bei ihm,
bei Gott selbst.
Wir sind zu Hause bei ihm,

wie es Christus ist.
Wir leiden mit ihm
und gehen mit ihm
in Gottes Herrlichkeit ein.
Denn ich bin überzeugt,
dass die Leiden dieser Zeit
klein und unwichtig sind
im Vergleich mit der Herrlichkeit,
in die wir umgestaltet werden sollen.

Auch die ganze Schöpfung wartet sehnlich
auf Menschen, in denen sich offenbart,
dass sie Töchter und Söhne Gottes sind.
Die Natur leidet unter dem leeren Kreislauf,
dem sie – nicht durch eigene Schuld –
ausgeliefert ist.
Gott hat es ihr so bestimmt.
Er gab ihr aber eine Hoffnung:
Frei soll sie werden von der Sklaverei,
immer nur auf Verwesung hin leben zu müssen.
Sie soll die Freiheit gewinnen,
die herrliche,
die den Kindern Gottes bestimmt ist.

Wir wissen: Die ganze Schöpfung
seufzt und leidet bis zu dieser Stunde
und wartet auf die Geburt einer neuen Welt.
Und mit ihr ängsten wir selbst uns,
denen doch die ersten Anfänge
der schaffenden Kräfte des Geistes verliehen sind,
und erwarten, dass Gott uns einsetzt
zu seinen Kindern,
und sehnen uns nach Erlösung.

Denn wir gehören der neuen Welt schon an,
freilich in der Hoffnung.
Wäre aber, was wir hoffen, sichtbar,
so wäre es keine Hoffnung.
Denn wer sieht, braucht nicht zu hoffen.
Hoffen wir aber auf das Unsichtbare,
so erwarten wir es in Geduld.

Unserer Schwachheit hilft der Geist auf.
Wir wissen ja nicht einmal,
wie wir beten können so,
dass es vor Gott recht ist.
Aber der Geist tritt für uns ein
und bringt in wortlosem Seufzen vor Gott,
was wir sagen wollen.
Und Gott, der die Herzen kennt,
versteht, was der Geist vorbringt.
Er vertritt ja die Heiligen
vor Gott im Sinne Gottes.«

Römer 8, 14–27

Die Geschöpfe, die in dieser zweiten Schöpfung entstehen, sind die Kinder Gottes, seine Töchter und
seine Söhne. Ihr Blick ist frei in die »Herrlichkeit«, in
das große Licht.

Bei Hiob lesen wir einen besonders schönen Satz:

»Was ist der Mensch,
dass du ihn groß machst
und dein Herz ihm zuwendest?«

Hiob 7,17

Man kann auch übersetzen: »Was ist der Mensch, dass

du ihn groß machst und dein Herz an ihn grenzen lässt?« Wie also zwei Menschen sich so umarmen, dass beider Herzen füreinander schlagen, so ist Gottes Herz uns Menschen nah. Man kann Liebe kaum schöner beschreiben. Die Liebe Gottes wendet sich mir zu, sie grenzt an mich. Sie bricht in mir auf. So ist Auferstehung ein Geschehen aus der schaffenden Kraft der Liebe Gottes. Wir werden also, was Auferstehung sei, nicht sagen können, wenn nicht die schaffende, lebendige Kraft, die wir »Liebe Gottes« nennen, in uns selbst die Anfänge solcher Auferstehung geschaffen hat.

17

Ostern ist eine Geistgeschichte

Ich will auf euch herabsenden, was mein Vater verheißen hat ... Mit Kraft aus der Höhe sollt ihr erfüllt werden«, sagt Jesus den Zeugen seiner Auferstehung (Lukas 24,48–49).

Bei Johannes sagt er: »Friede sei mit euch. Wie mich der Vater gesandt hat, so sende ich euch.« Nach diesen Worten blies er sie an und sagte: »Nehmt den Heiligen Geist!« (Johannes 20,21–23).

Wenn das Leben der Welt mit dem Wirken des Geistes Gottes beginnt und die Dynamik ihres Werdens vom Geist Gottes erfüllt ist, dann ist Ostern eine Geistgeschichte. Dann gilt, was die Apostelgeschichte, in ihrem zweiten Kapitel vor allem, bezeugt: dass nämlich der Geist Gottes vom auferstandenen Christus ausgehe und die Menschen, die von ihm erfüllt sind, an ihre Arbeit in dieser Welt, an die Arbeit Gottes sende. Und so redet Johannes oft so, als geschähe der entscheidende erste Schritt zur Auferstehung an uns schon während dieses Lebens.

Die Geschichte des Christus, die Geschichte seines Lebens und Wirkens auf dieser Erde endet mit seinem Tod, besser, mit seiner Auferstehung. Aber schon sein ganzes Leben geschieht, besonders bei Johannes, in einem Licht, in dem die Auferstehung schaubar wird. Und wenn von uns Menschen die Rede ist, dann in dem Sinne, dass uns nicht nur eine Auferstehung bevorstehe, sondern dass die Auferstehung schon unser jetziges Leben präge, verändere, durchlichte.

Glauben heißt für Johannes, Jesus gegenüberzutreten in dem Bewusstsein, dass er vom Vater kommt und zum Vater zurückkehrt. Glauben heißt, den Lichtglanz der Herrlichkeit Gottes schauen, aus dem er kommt und in den er geht. Es heißt, in ihm das Licht der Welt schauen und von ihm, dem großen Licht, Erleuchtung empfangen. Es heißt, in allem, was man tut, ihn ständig im Auge haben. Es heißt, für seinen Geist offen und empfänglich sein, für den Lebenshauch, aus dem alles Leben ist. Der Glaube ist die offene Stelle, an der wir durch das Licht des Christus hindurch die Herrlichkeit Gottes schauen. Und wo das alles geschieht, da strömt die göttliche Energie, in der alles sich verändert, die Schaffenskraft Gottes, in den Raum unseres menschlichen Lebens ein.

Die große Wandlung, die mit uns in der Auferstehung geschehen wird, spiegelt sich bei Johannes im Bild des Wassers. Wie das Wasser sich ständig wandelt, damit auf dieser Erde Leben sein kann, so werden wir uns wandeln und das Leben finden. Wasser wird zu Wein, erzählt Johannes. Ein Blinder wäscht seine Augen in der Quelle Schiloach und wird sehend. Ein Schiff gerät bei Nacht in Seenot; Jesus kommt, über das Wasser gehend, und tritt in die Todesangst der Seinen ein, klärend und beruhigend. Am Teich Bethesda liegt einer, der im Wasser Heilung sucht, und Jesus tritt an die Stelle des heilenden Wassers. Und wenn Jesus mit dem Ratsherrn Nikodemus spricht, dann redet er von dem Wasser und dem Geist Gottes, aus dem er geboren sein müsse, wolle er das Reich Gottes sehen (Johannes 3). Und in allem zeichnet sich das Kommende ab.

Diese Vorwegnahme des Kommenden spiegelt sich für Jesus auch im Bild von Saat und Ernte. Als er mit einer Frau aus Samarien am Brunnen über das lebendige Wasser gesprochen hatte (Johannes 4), ließ sie ihren Krug dort stehen und ging in ihrer Erregung zu den Menschen in ihrem Dorf zurück und rief den Leuten zu: »Kommt! Schaut selbst! Ich habe ihn gesehen!« Als danach die Jünger aus jenem Dorf zurückkamen, sprach Jesus sie auf diese Zukunftsbezogenheit ihrer Arbeit und ihres Lebens auf dieser Erde an: »Ihr sagt zwar, es seien noch vier Monate bis zur Ernte. Aber schaut euch um! Die Felder sind schon weiß zur Ernte!« Das Kommende ist sichtbar, und um dieses Kommende dreht sich schon jetzt und heute alles.

Auf die Frage der Frau aus Samarien, wo und wie denn Gott anzubeten sei, holt Jesus vor ihren Augen jene zwei Kräfte in ihre Welt herein, auf die alles ankommt: den Geist, aus dem das neue Leben sein wird, und die Wahrheit, das heißt die Offenheit, in der

das neue Leben stattfinde. Dies alles gilt nicht irgendwann, sondern heute; und was der Geist wirkt, ist
nicht Vergeistigung, sondern sehr im Gegensatz dazu
eine entschiedene Verleiblichung.

Wo aber ist dieser Geist, wenn wir ihn suchen? Paulus
sagt: Unser Leib, unser hiesiger Menschenleib, das
heißt unsere ganze Existenz, ist der Tempel des Heiligen Geistes. Dieser Tempel ist kein Gegenstand der
Hoffnung, sondern der vorwegnehmenden Anbetung.
Er ist das Haus, in das wir den Geist Gottes aufnehmen. Er spiegelt mit seiner Schönheit die Schönheit
Gottes. Er spiegelt mit seiner Lebenskraft die Lebenskraft Gottes. Und anderswo als hier in dieser Welt, auf
dieser Erde, sollen wir ihn nicht suchen.

»Geist Gottes« ist eine Chiffre für die Urkraft, die in
aller Schöpfung am Werk ist. Er ist segnende, frucht-
schaffende, sinnstiftende Macht. Er ist die Dynamik
der Wahrheit, die sich vor unseren Augen auftut. Er ist
der Tröster, der uns zeigt, wohin unser Weg weiter-
führen wird, wenn er vor unseren Augen zu Ende zu
gehen scheint.

Indem wir also auf unsere Auferstehung voraus-
blicken, erleben wir sie hier. Auferstehung spiegelt
sich hier, so wahr es der Geist Gottes ist, der uns
treibt. Und so wird auch unser neues Leben, das vor
uns liegt, nicht ein geistiges, sondern ein konkretes,
ein »leibliches« sein. Unser Leib wird ein »geistlicher
Leib« sein, sagt Paulus (1. Korinther 15).

Jesus sagt: »Ich bin die Auferstehung und das Leben;
wer an mich glaubt, wird leben, auch wenn er stirbt,
und wer lebt und an mich glaubt, wird nicht sterben«
(Johannes 11). Unter diesem Wort fängt der künftige
Mensch heute in uns an zu leben. Wie durch eine

neue Geburt, sagt Jesus zu Nikodemus. Und wir wissen, dass damit das eigentlich Wichtige geschehen ist: die Berufung, in dieser Welt des Todes für das Leben zu stehen, das Leben aus dem Geist Gottes zu bezeugen.

18

Das Gericht und das Heil

Das Glauben oder Nicht-glauben-Können der Menschen hing durch die beiden Jahrtausende des Christentums immer an einem bestimmten, entscheidenden Punkt: an der Hoffnung auf das Gericht oder an der Furcht vor dem Gericht, am Vertrauen zu dem, der zu Gericht sitzen wird, oder an der Ablehnung eines Gerichts, dem nichts Sinnvolles und Gerechtes innezuwohnen schien.

Jesus schildert einmal eine Szene, wie sie sich am Ende der Welt abspielen werde:

»Wenn dann der Beauftragte Gottes kommen wird und alle Engel mit ihm, dann wird er auf dem Stuhl des Richters Platz nehmen. Dann werden sich alle Völker vor ihm versammeln, und er wird die Menschen voneinander scheiden, wie ein Hirte die Schafe und die Ziegen oder die Böcke scheidet (das Wort kann beides bedeuten), wenn er sie abends in ihr Gehege führt. Er wird die weißen Schafe zu seiner Rechten stellen und die schwarzen Ziegen zu seiner Linken.

110

Dann wird er, der König und Richter, zu denen auf seiner Rechten sagen: Kommt, ihr Gesegneten Gottes, nehmt das Glück und die Geborgenheit, die euch seit Anfang der Welt bestimmt sind. Denn ich war hungrig, und ihr habt mir zu essen gegeben. Ich war durstig, und ihr habt mir zu trinken gegeben. Ich war ein heimatloser Fremdling, und ihr habt mich aufgenommen. Ich war nackt, ihr habt mich bekleidet, krank war ich, und ihr habt euch um mich gekümmert. Im Gefängnis war ich, und ihr seid zu mir gekommen.

Dann werden ihm die Gerechten sagen: Wann sahen wir dich hungrig und haben dir zu essen gegeben oder durstig und haben dich getränkt? Wann haben wir dich als Fremdling erlebt und haben dich aufgenommen oder nackt und haben dich bekleidet? Wann haben wir dich krank oder gefangen erlebt und sind zu dir gekommen? Dann wird ihnen der König antworten: Das ist wahr: Was ihr einem unter meinen geringsten Brüdern getan habt, das habt ihr mir getan.

Dann wird er sich an die zu seiner Linken wenden: Geht mir aus den Augen, ihr Verfluchten, in das ewige Feuer, das dem Teufel und seinem Anhang bestimmt ist. Denn ich war hungrig, und ihr habt mich nicht gespeist. Ich war durstig, und ihr habt mir nicht zu trinken gegeben. Ich war ein heimatloser Fremdling, und ihr habt mich nicht aufgenommen. Ich war nackt, und ihr habt mich nicht bekleidet, krank und gefangen war ich, und ihr habt euch nicht um mich gekümmert.

Dann werden auch sie antworten: Christus, wann haben wir dich hungrig oder durstig oder heimatlos oder nackt oder krank oder gefangen erlebt und haben dir nicht gedient? Und er wird ihnen antworten: Das ist wahr: Was immer ihr einem von diesen Ärmsten der Erde nicht getan habt, das habt ihr mir nicht getan.

Und diese werden die ewige Strafe erlangen (oder auch: sie werden in einen Äon der Strafe gehen), die Gerechten aber einen Äon von neuem Leben betreten« (Matthäus 25,31–46).

Diese Geschichte ist, man kann das nicht deutlich genug sagen, ein Gleichnis. Es ist ja kennzeichnend für die Weise, in der Jesus von den Geheimnissen Gottes und der Ewigkeit spricht, dass er Szenen aufgreift, die in unserer Nähe liegen, die wir verstehen können und mit denen er hinweist auf Dinge, die uns fremd sind. So spricht er davon, das Leben in der kommenden Welt sei etwas wie ein Hochzeitsmahl oder es sei eine Art Heimkehr aus der Fremde oder etwas wie eine Einladung von heimatlosen Menschen von der Landstraße in ein festlich bereitetes Haus und an einen gedeckten Tisch. Und jeder von uns kann leicht verstehen, dass dies eine Rede in Bildern ist.

So auch in unserer Geschichte. In der sind drei Szenen geschildert. Die eine, wie ein Hirte seine Herde abends trennt. Tagsüber weiden die schwarzen Ziegen und die weißen Schafe in Israel und in den arabischen Ländern miteinander. Wer schon einmal dort war, kennt das Bild der schwarz und weiß gesprenkelten Herden. Abends, erzählt Jesus, wenn er sie in ihr Gehege führt, trennt er die Schafe von den Ziegen. Die schwarze Ziegenherde bezieht ihren Stall oder ihren Pferch, die weiße Schafherde den ihren.

Noch eine andere Szene ist in unserer Geschichte enthalten: Ein Richter nimmt Platz an seinem Richtertisch, und die Angeklagten werden hereingeführt. Er redet mit den Angeklagten, er spricht sein Urteil, und die einen werden freigelassen, die anderen ihrer Strafe zugeführt. Entscheidend für sein Urteil wird sein, was der Einzelne getan oder nicht getan hat, wofür oder wogegen er sich in seinem Leben entschieden hat.

Aber es ist noch ein drittes Gleichnis in unserem Text: das Feuer, das ewig brennt. Jesus erzählt die Geschichte in Jerusalem. Dort wusste jedermann, was ein Feuer ist, das Tag und Nacht brennt und nie verlischt. In dem engen Tal an der Südwestseite der Stadt, dem Hinnomtal, war die Müllkippe. Alle Abfälle der Stadt, auch die Abfälle der unzähligen Tiere, die im Tempel geopfert wurden, brachte man dort hinab und verbrannte sie. Dieses Feuer ging Tag und Nacht nicht aus. Es glühte oder brannte, einmal groß und hell, ein anderes Mal verborgen unter der Asche. Es war ein Feuer, das den Sinn hatte, die Stadt vom Unrat frei zu halten. Der arabische Name dieses Tals ist heute noch »Feuertal«: Wadi en Nar.

Der Sinn dieses dritten Bildes in unserer Geschichte ist also der: Am Ende der Welt wird man wegwerfen, was nichts wert ist. Man wird verbrennen, was ohnehin verfault ist, ungenießbar, unbrauchbar oder gar für die Gesundheit der Erde gefährlich. Das Feuer schafft den Abfall aus der Welt. So nennt der Araber die Hölle »Ge-Henna«, »Ge« heißt Tal. Es ist das Tal Hinnom oder Henna.

Die Hölle, das liegt in diesem Bild, brennt unaufhörlich. Aber die Qual der Verdammten währt keineswegs ewig. Sie wird durch das ewig brennende Feuer aus der Welt geschafft.

Das sind drei Bilder, die nur schwer zu vereinen sind. Aber Bilder in einem Gleichnis tauchen auf und verschwinden wieder, machen anderen Vergleichen Platz. Was haben Ziegen und Schafe mit einer Gerichtsverhandlung zu tun? Und was hat das Urteil eines Richters mit einer Müllkippe zu tun? In allen Fällen

113

kommt es auf den einen Punkt an, in dem die verschiedenen Bilder übereinstimmen.

Das Gemeinsame aber ist: Schau deinen eigenen Zustand an und überlege dir, was aus dir werden könnte, wenn du den Schritt über die Grenze, die wir den »Zaun« genannt haben, gehst, also in das gänzlich unbekannte Land, denn dein Schicksal danach hat mit deinem heutigen Zustand zu tun. Dein Zustand aber bestimmt sich aus dem, was du gesehen hast oder nicht gesehen, aus dem, was du getan oder nicht getan hast. Und an ihm entscheidet sich, ob du sozusagen oben in der Stadt in einem festlichen Saal einziehst oder unten im Tal mit dem Abfall der Vernichtung anheim fällst.

Was die Grenze aller Gleichnisse kennzeichnet, ist die Vereinfachung, in der sie ergehen, durch die sie aber auch ihre einprägsame Kraft gewinnen. Wir können immer auch Gegenfragen stellen; zum Beispiel: Lassen sich die Menschen so klar in Gute und Böse trennen? Die meisten Menschen sind eine Mischung aus gutem Willen und Versagen, aus Egoismus und gelegentlicher Selbstüberwindung, zwischen guten Meinungen und bösen Absichten. Wir sind ja alle nicht weiß wie die Schafe oder schwarz wie die Ziegen, sondern gestreift wie die Zebras oder grau wie die Esel. Aber können Menschen für Gott »Abfall« sein, und was wird dann aus uns? Solche Gleichnisse also verbergen das Problem, um das es geht, ebenso sehr wie sie es verdeutlichen. Und immer werden wir fragen müssen: Was bedeutet das für mich? Und: Was bedeutet das nicht morgen, sondern heute? Was bedeutet es nicht in einem allgemeinen Sinn, sondern hier, in dieser Situation? Und wie muss ich entscheiden, um meinen Weg zum Leben zu finden? Die Gleichnisse Jesu haben alle diese Spitze: Es geht um dich! Es geht um den jetzigen Augenblick! Es geht um die gegenwärtige Entscheidung. Die Zukunft, von der sie sprechen, soll dir nicht Auskunft geben über das, was später einmal geschieht, sondern dir den Ernst der gegenwärtigen Entscheidung verdeutlichen. Was ist das für eine Bedeutung für den heutigen Tag und was verbindet diesen Tag mit der Ewigkeit?

Was ist also von uns Menschen gefordert? Von uns ist gefordert, dass wir unsere Augen öffnen und wahrnehmen, was vom Geheimnis Gottes an dieser unserer Welt abzulesen ist. Wir sollen in einem Stein mehr sehen als nur den Stein, nämlich eine Schöpfung Gottes. Wir sollen in einem Naturgesetz mehr sehen als das Naturgesetz, nämlich einen Gedanken Gottes. Wir sollen in einem Tier mehr sehen als nur das Tier, nämlich ein wunderbares Geschöpf Gottes und nicht etwa eine »Sache«. Wir sollen in einem Menschen mehr sehen als nur einen beliebigen Menschen. Was ein Mensch sei, das lesen wir an Jesus Christus ab. Wir sollen also in einem beliebigen Menschen den Menschen sehen, den Christus in ihm sieht. Und wenn wir etwas tun, dann sollen wir es so tun, dass wir die geheimnisvolle Vielschichtigkeit unserer Welt bedenken, die geheimnisvolle Vielschichtigkeit auch des Menschen. Kein Mensch ist so einfach gebaut, dass ein noch so kundiger Psychologe über ihn Bescheid wissen könnte. Er ist immer mehr und immer etwas anderes auch. Wenn ich ihm gerecht werden will, muss ich in ihm den sehen, der er vielleicht auch ist. Der er mit Sicherheit auch ist: nämlich ein Bild des Menschen, des Christus. Was wir darum an den

Ärmsten und Unansehnlichsten wahrnehmen, nehmen wir an uns selbst wahr: unsere eigene Hilflosigkeit und unsere eigene Angewiesenheit auf andere Menschen. Was wir einem anderen tun, das tun wir letzten Endes auch uns selbst. Denn immer prägt uns, was wir tun. Und was wir im anderen Menschen sehen, in das verwandelt sich im Lauf des Lebens unser eigener innerer Mensch.

Indem wir aber in allem, was um uns her ist, Christus sehen, auch in den Menschen, die uns begegnen, geht sein Geist in unseren Geist ein, seine Lebendigkeit in unsere Seele. Indem er so allmählich in uns hineinwächst, nehmen wir seine Gestalt auf. Am Ende wird sie ganz in uns verborgen sein. Er wird in uns sein und uns vollenden zu dem Bild, nach dem wir geschaffen sind. In dieser seiner Gestalt werden wir hinübergehen in die andere Welt, und er wird unsere schwachen Versuche, ihn mit unserer Sorge für andere Wesen in uns aufzunehmen, uns als Gerechtigkeit anrechnen. Er wird das in uns sein, um das es sich am Ende lohnen wird, dass es ist.

Aber das geschieht eigentlich nicht dadurch, dass wir uns abwärts bewegen zu einem anderen Menschen, der uns braucht, sondern dadurch, dass Christus im anderen Menschen sich auf uns zubewegt. Es ist nicht das Gefälle, das zwischen uns und dem leidenden Menschen sich hinabbewegt, sondern das Gefälle, das von Christus zu uns her ergeht. Nicht der andere Mensch ist der eigentliche Empfänger der Wohltat, sondern wir selbst sind es, die Christus auf diese Weise bei uns empfangen. Und auf diese Weise entsteht in uns der Mensch, um den es sich lohnt, dass er da ist.

Wenn wir aber einmal begriffen haben, dass sich von

dem, was wir in unserem Leben getan haben, nichts mehr gut machen lässt, dass der Schmerz und das Unrecht, das wir irgendeinem Menschen zugefügt haben, nicht ungeschehen gemacht werden können und dass die Wirkung unseres Tuns weiterwirkt im Kleinen oder im Großen in einer Weise, die wir nicht begrenzen können, dann werden wir eine tiefe Trauer empfinden. Wenn einmal unser ganzer Lebensfilm vor unseren Augen abgespult worden ist, werden wir begreifen, inwiefern das Bild von einem Gericht sinnvoll ist. Es wird uns jene Traurigkeit erfüllen, von der Paulus sagt, sie könne uns Hoffnung schaffen und uns zum Heil bereit machen, wie sie uns in die Verzweiflung stürzen und damit in den Tod begleiten könne.

Nun kennen wir aus unzähligen Nahtod-Erfahrungen die Sache mit dem »Lebensfilm«. Vor den Augen dessen, der dem Tod nahe kommt, spielt sich oft ein Film von atemberaubender Dichte ab, in dem er seinem ganzen Wesen, auch Dingen, die er längst vergessen hatte, begegnet. Er erinnert sich seiner frühesten Kindheit. Er sieht, was er erreicht hat, was das Leben ihm gebracht hat, was er ihm schuldig geblieben ist an Liebe, an Großzügigkeit, an Einfühlung. Er schaut mit einer Klarheit, die er nie hatte, seinen ganzen Lebensweg vor sich – und alles während der kurzen Zeitspanne eines klinischen Todes.

Wir werden bei unserem Weg durch den Tod zwar blind an unseren äußeren Augen, aber wir werden in einem ganz anderen Sinne sehend sein. Wir begegnen der Wirklichkeit, auch unserer eigenen, mit einer Klarheit und einer Gleichzeitigkeit, die uns bis dahin unmöglich erschienen wären.

Das alles ist gewiss nicht das, was Jesus mit seinem

Bild vom »Gericht« meint. Aber es ist ein Hinweis – vielleicht – auf etwas, das uns bevorsteht, wenn wir den Schritt durch den Tod endgültig getan haben werden, und eine Art Vorbereitung auf das Gericht.

Die Zurückgekehrten berichten uns in erstaunlicher Übereinstimmung, sie seien an der Grenze, bis zu der sie gelangten, einer großen, warmen Liebe begegnet. Zugleich hätten sie mit schonungsloser Deutlichkeit ihr vergangenes Leben gesehen. Alles habe offen dagelegen: Last, Schuld, Versagen. Aber das habe ihnen nicht ein grimmiger Richter vorgerechnet, sondern eine große, klare Liebe habe es ihnen eröffnet.

Und in der Tat: Wäre es nicht die Liebe Gottes, die uns das Ergebnis unseres Lebens vorhält, täte das irgendein unbeteiligter Richter, der Gedanke an ein Gericht wäre unerträglich.

Hier ist aufs Neue jener Glaube gefordert, der seinen Schritt aufs Wasser setzt. Denn wenn Jesus der »Richter« ist, der über unseren weiteren Weg urteilt, – wer ist das? Wer ist jener Christus, dem wir in den Ärmsten begegnen und der in uns selbst Gestalt finden will und der, wenn wir uns im Gefängnis unserer eigenen Seele ängsten, zu uns redet?

Er ist der, der den Menschen ihre Last abnahm, der gesagt hat: »Kommt her zu mir alle, denen das Leben schwer aufliegt. Ich will euch eure Last abnehmen. Aufatmen sollt ihr und frei sein.« Er war der, der die Menschen frei machte. Der sagte: »Fürchte dich nicht. Ich bin bei dir«, und der also ihre Angst von ihnen nahm. Der sagte: »Dir sind deine Sünden vergeben«, und der also den, zu dem er sprach, von der Schuld freimachte, die ihm den Weg verbaute. Er sagte: »Geh in den Frieden.« Er war der, der die Menschen heilte,

118

und der zu dem Kranken sagte: »Sei los von de. Krankheit. Nimm dein Bett und geh heim.« Er w. der, der zu den Menschen sagte: »Sorget nicht für den anderen Morgen.« Überlass Gott, was kommt. Nimm auf, was er dir zumutet. Deine Sorge gibt dir keinen Grund unter die Füße. Er war der, der zu den Menschen sagte: Geht auf euren Tod zu als Menschen, die eine Hoffnung haben. Vor euch ist das Haus des Vaters. Vor euch ist eine offene Tür, und dort steht einer, der sagt: Kommt, es ist alles bereit.

Und wenn ihn einer fragte, was er tun solle, dann sagte er ihm: In dieser Welt schon gibt es einen Weg, dem gütigen Gott zu begegnen: in den Ärmsten der Erde, den Hungrigen, den Gefangenen, den Kranken. Du begegnest dort aber nicht nur Gott, sondern auch dem, der in dir selbst wachsen will. Und so nimmst du in der Sorge für die, die dich brauchen, die Begegnung mit Gott vorweg, die nach deinem Tode auf dich wartet und in der du gemessen wirst.

Ist also das Christentum Moral? O nein. Wenn ich höre, was Jesus mit dem allen sagen will, dann höre ich: Mach keine Moral aus dem Evangelium. Versuche es: Lebe nach der Liebe. Du wirst immer wieder vor der Wahl stehen: Soll ich tun, was mir vorgeschrieben ist – oder soll ich tun, was die Güte will? Tu, was die Güte will. Ich kann dir nicht versprechen, dass dein Leben leichter wird. Ganz im Gegenteil. Du wirst den Widerstand spüren, auf den jede Liebe trifft. Den Widerstand der Macht. Den Widerstand von Gesetzen und Ordnungen. Man wird dich nicht als Helden oder großen Geist bewundern, sondern dich vielleicht einen Träumer nennen, einen Verrückten, einen Gesetzlosen, einen Störer dessen, was »man« normal nennt. Aber du wirst selbst fest und klar überzeugt sein: Das genau ist, was ich tun muss, um das Böse zu überwinden. Du wirst mehr als andere wissen, was Erfüllung des Lebens, was Glück, was der tiefere Sinn deines Daseins sei, und niemand wird dir diese Erkenntnis nehmen können. Sie ist klar und einfach und unwiderlegbar.

Wenn du aber liebst, bildet sich um dich her ein Netz von Menschen, ein Netz von Vertrauen, von Beziehungen, von Freundschaft, von Nachbarschaft, ein Netz von Güte und Erbarmen. Und wo ein solches Netz entsteht, dort geschieht Gottes Wille.

Der so denkt, der so die Wege zum Leben öffnet, ist der Richter, in dessen Urteil es steht, was mit uns geschehen wird: Jesus Christus, also Gott selbst in seiner liebenden Zuwendung zu seinen Menschen.

Dass man das Gericht in der Geschichte des Christentums nicht nur als Maß für das eigene Handeln nahm, sondern es ausgemalt hat in allen Farben des Schreckens, das ist eines der bösesten Erbstücke, die wir bis heute übernommen haben und die wir dringend aus unserem Glauben ausscheiden müssen.

Als ich Soldat war und unter der Gewalt und dem Zynismus des militärischen Systems litt, hatte ich einen Kameraden, der nicht nur des Italienischen mächtig war, sondern auch in Dantes »Göttlicher Komödie« zu Hause war. Der schrieb mit großen Buchstaben auf ein Plakat, das er über der Stubentür aufhängte: »Lasciate ogni speranza, voi ch'entrate«, das Wort, das bei Dante über dem Eingang zur Hölle steht: »Lasst, die ihr eintretet, alle Hoffnung fahren.« Es war Ausdruck eines tiefen Leidens, damals. Da aber keiner unserer Vorgesetzten italienisch konnte, blieb es unbeachtet.

In diese Hölle versetzte man durch lange Jahrhunderte alle Ungläubigen, alle Gleichgültigen, alle Bösen, alle Feinde, alle Ketzer, alle Aufständischen, aber vielfach auch alle untreuen Diener Christi und alle tyrannischen Fürsten. Und Gott war es, der also die überwältigende Mehrzahl der von ihm erschaffenen Menschen in endlose, grauenhafte Qualen stieß. Die Wirkung war überdeutlich: Da die Kirche nach Matthäus 16,18–19 zum Gericht über die Welt mit ermächtigt war, ging ein Hassen, ein Verurteilen, Foltern und Hinrichten durch die Geschichte der Kirche, wie es grauenhafter kaum gedacht werden kann. Das Bild eines erbarmungslosen Gottes schuf eine erbarmungslose Kirche mit ihren erbarmungslosen Henkern und Folterknechten.

Der Glaube an einen erbarmenden Gott zerbrach folgerichtig bei Millionen Menschen im Lauf der christlichen Geschichte, und er zerbricht – wie jeder aufmerksame Seelsorger weiß – bis zum heutigen Tag in ungezählten Menschen eben durch die Vorstellung von dem Gott, der sich für die Ungehorsamen die endlose, ewige Qual ausgedacht hat.

Viel Gottlosigkeit ist hier verwurzelt. Und in der Tat: Wenn es der Mensch ist, der mit seinem Verhalten in diesem Leben seinen weiteren Weg vorentscheidet, wenn es also der Mensch selbst ist, der sein Heil und seine Verdammnis bestimmt – wozu brauchen wir dann noch einen Gott?

Im ersten Petrusbrief lesen wir ein Wort, das so klingt, als solle der Gedanke an eine solche Verdammnis aufgehoben werden: »Im Geist Gottes ist Christus nach seinem Tode in die Tiefe abgestiegen und hat den Geistern im Gefängnis das Evangelium gebracht« (1. Petrus 3,19). Was wir da lesen, ist seltsam. Es wird auch nicht begreiflicher dadurch, dass es im Glaubensbekenntnis der Kirchen vorkommt in der Formel: »Abgestiegen in das Reich des Todes«. Zwischen Tod und Auferstehung sei Christus also zur Unterwelt hinuntergefahren, zum Ort der Ferne von Gott. Die Osterikonen der orthodoxen Kirche oder die gotischen Tafelbilder des abendländischen Mittelalters zeigen es anschaulich: Christus tritt in der Tiefe der Erde die Tür ein, hinter der die Toten aller Völker und aller Zeiten gefangen sind, und führt sie heraus, allen voran Adam und Eva.

Er hat den »Geistern im Gefängnis gepredigt«, heißt es wörtlich. »Gepredigt« heißt nicht: Er hat ihnen eine Rede gehalten, um danach alles zu lassen, wie es war. Das hat es bei Jesus nie geheißen. Es hieß bei ihm vielmehr entlasten, befreien, heilen, befähigen, zu einem anderen und neuen Dasein helfen. Den Geistern im Gefängnis predigen heißt: herausführen, zum Leben bringen, was da im Untergrund der menschlichen Seele gefangen liegt. Es scheint so, als solle hier wirklich das Gleichnis vom Gericht aufgehoben werden. Und zwar mit der Begründung, seit jener Zeit, in der Jesus in Jerusalem dieses Gleichnis erzählt habe, sei sein Leiden und Sterben geschehen, und alles habe sich dabei und dadurch verändert. Der Tod Jesu Christi hebe das Gleichnis auf. Und das kann man nicht laut genug sagen.

Was ist denn die »Hölle«? Sie ist das Bild für den absurden, nicht vorstellbaren Ort, an dem Gott nicht ist. In diesen Ort des Widersinns, so sagt der Gedanke von der Höllenfahrt, stieg Christus ab, um zu zeigen, dass auch dort nicht die Hölle, sondern Gott ist. Seine Liebe umgreife auch die verzweifeltste Angst eines

Menschen, er sei in irgendeinem Sinne von Gott verlassen und vor ihm stehe in irgendeinem Sinn eine Hölle.

Das mythische Bild von der »Höllenfahrt« sagt auch etwas über Gott selbst. Ein Gott, der nur »oben« wäre, nur in der Höhe des Heiligen oder des Guten, könnte uns kein Halt sein, wenn wir in irgendeine Tiefe abstürzen, in irgendeinen Abgrund des Erleidens oder des Verschuldens oder des Versäumens. Wir wären in der Tiefe von Gott verlassen. Das Bild vom Abstieg des Christus zu den Geistern im Gefängnis sagt aber: Wohin immer du abstürzen solltest, tiefer noch ist die Hand Gottes dir entgegengehalten, die dich auffängt. Jede Tiefe ist ein Ort Gottes. Die dunkle Tiefe und die Höhe des Lichts sind eins in ihm.

Nun gab es in der Geschichte des Glaubens auch den Gedanken an einen Ort der Läuterung, der allmählichen Änderung von Menschen, die zu gut für die Hölle und zu schlecht für den Himmel seien. Einen Ort eines mühseligen Übergangs zwischen Verdammnis und Heil. Dieser Gedanke ist sinnvoll, solange wir an den Zustand des einzelnen Menschen am Ende seines Lebens denken oder an den Grad der Reife, den er mit seinem Glauben erreicht habe. Es ist doch gewiss ein Unterschied in der Reife des inneren Menschen, seiner Gedanken und seines Glaubens zwischen dem Evangelisten Johannes und dem Schächer, den Jesus kurz vor seinem qualvollen Sterben in seine Liebe einbezieht.

Je länger wir jedoch über das Evangelium nachdenken, das Jesus uns gesagt und das er in seinem Tod bewährt hat, desto unwichtiger, ja belanglos erscheint uns, auf welcher »Stufe« ein Mensch sich befindet,

wie groß also sein guter Wille oder die Entschiedenheit seines Glaubens gewesen seien. Natürlich können wir feststellen, es müsse eigentlich eine lange und
mühsame Wandlung in uns geschehen, ehe wir dem
Bild eines Seligen oder eines Engels gleichen. Und wir
können uns lange Wege ausdenken, die wir in der
anderen Welt würden zurücklegen müssen. Vielleicht
auch steht uns etwas Derartiges wirklich bevor. Aber
wir dürfen darauf vertrauen, dass es auch drüben wirklich neue Anfänge gibt, dass Gott nicht aufhört zu vergeben, wenn wir gestorben sind, und dass er zu uns
sagen wird: »Heute wirst du mit mir im Paradiese
sein.« Ich persönlich jedenfalls werde versuchen, in
der Situation des Sterbens dieses Vertrauen festzuhal-
ten, für mich und für alle Menschen.

In der schlichten russischen Volksfrömmigkeit war –
und ist es da und dort noch – üblich, in der Kirche
auch eine Kerze für den Teufel zu entzünden. Und
kaum jemand hat sich wohl entschiedener gegen die
Behauptung einer ewigen Hölle gewandt als der russi-
sche Denker Nikolai Berdjajew, der in seinem Buch
»Selbsterkenntnis« gesagt hat, hier handle es sich um
den sadistischsten aller sadistischen Gedanken.

Dann aber gibt es im Grunde kein Ausweichen vor
dem Gedanken, am Ziel der Welt, am Ende aller ihrer
Epochen würden auch die Menschen, die wir hier für
»absolut böse« halten, heimkehren zu Gott. Wohin
auch sollten sie gehen? Wohin auch sollten sie verstoßen sein, wenn Gott »alles in allem« (1. Korinther
15,28) ist? Und so gibt es auch kein Ausweichen vor
dem Gedanken, dass auch der, den wir den Satan nennen, am Ende unter die Kinder Gottes heimkehren
werde, und kaum ein Ausweichen auch vor dem
Gedanken, vielleicht sei der, den wir den »Teufel«

oder das »Böse« nennen, nichts weiter als ein Geschöpf im Schatten Gottes oder der Schatten Gottes selbst. Gerade die besonders Sorgfältigen unter den Frommen und Weisen der christlichen Geschichte haben das immer wieder gedacht und es leise gesagt, wie man ein Geheimnis weitergibt. Und ich möchte mich ihnen anschließen.

Wir haben uns angewöhnt, von »verlorenen« Menschen zu reden. Was ist denn das Charakteristische an einem »Verlorenen«? Dies doch wohl, dass man ihn verloren hat wie eine Geldbörse, dass man ihn sucht und nicht weiß, wo er sich aufhält. Aber sollte, nach den Gleichnissen von dem verlorenen Schaf, dem verlorenen Groschen und dem verlorenen Sohn, Gott nicht der sein, der auf alle Fälle findet, was er sucht? Höre ich jedenfalls auf den Jesus der Evangelien, so kann ich an keinen anderen Gott glauben als an diesen. Denn an einen Gott, der unfähig wäre, das Böse in seiner Schöpfung zu integrieren, kann und will ich nicht glauben.

Es war offenbar der Wille Gottes, dass wir in Bildern denken sollen und dass es außer dem Wege über Bilder und Gleichnisse keinen weiteren Aufschluss über unser Leben nach dem Tode geben kann. Was wir wissen und was wir glauben, das haben wir so, wie man auf einem langen Weg zu Fuß überhaupt etwas mit sich führen kann. Nicht so, wie man Haus und Hof besitzt, sondern wie leichtes Gepäck.

Wir haben nicht alle Wahrheit, aber so viel, wie wir unterwegs brauchen. Wir kennen nicht alle Geheimnisse. Wir lösen nicht alle Rätsel. Wir müssen nur wissen, auf wen wir zugehen und wie wir die nächste Strecke Weges bewältigen.

Wir haben nicht alle Freiheit, aber so viel, wie wir unterwegs brauchen. So viel, dass wir uns nicht festhalten zu lassen brauchen, wenn wir gehen wollen. Uns ist nicht aller Sinn erschlossen, aber so viel, dass wir uns nicht um ihn zu sorgen brauchen. Wir müssen nicht erkannt haben, warum die Welt sich dreht. Wir dürfen aber vertrauen, dass unserem Geschick ein Plan zugrunde liegt und von uns nur die kleine Treue verlangt ist, auf dem Weg zu bleiben.

Der Weg ins Ganze

19

Was heißt »diesseits«, was heißt »jenseits«?

Wenn wir unter Christen über das »Jenseits« nachdenken, haben manche unter uns noch das Weltbild von vor tausend Jahren vor Augen, andere das von vor hundert Jahren. Vor tausend Jahren stellte man sich die Welt so vor, dass wir hier auf einer Erdoberfläche leben, unter der die Verdammten in der Hölle schmachten, um die Erde her aber ein Himmel ist, der in vielen Stufen der Herrlichkeit über die Stufen der Seligen, der Heiligen und der Engel bis hinauf führt ins »Pleroma«, den Ort Gottes, die himmlische Rose, wie ihn etwa Dante schildert. Dieses Bild ist nicht ohne dichterische Schönheit, aber es kann für uns keine Geltung mehr beanspruchen. Wir gehen ins 21. Jahrhundert.

Vor hundert Jahren stellten viele sich die Welt als eine große Maschine vor, die sich präzise bewegt wie ein Räderwerk, geordnet und gesteuert von streng geltenden Naturgesetzen. Man dachte nicht an ein Jenseits, sondern war der Überzeugung: Was wir hier als unsere Welt wahrnehmen, ist das Ganze, die vollständige Welt, und was darüber hinausliegt, den Himmel, dürfe man nach Heinrich Heine den Engeln und den Spatzen überlassen. Die Christen aber stellten sich vor, es gebe Aspekte dieser Welt, die die Wissenschaft noch nicht erforscht habe, die sie auch nicht erforschen könne, und dort habe man sich Gott vorzustellen. Gott trat in die Lücken des menschlichen Wissens. Noch während meiner Studentenzeit gab es Leute, die der Überzeugung waren, was das »Leben« sei, werde die Wissenschaft nie herausbekommen. Dort aber sei das Recht und der Raum und die Besonderheit Gottes und des Jenseitigen. Gott, der Lückenbüßer. Inzwischen sind viele damals als unerforschbar bezeichnete Wissensgebiete einigermaßen erforscht; der Raum Gottes wurde immer enger, und zuletzt blieb die Gleichgültigkeit gegenüber allen Fragen, die Gott und das Jenseits betreffen.

Wir befinden uns heute in einer Zeit, in der viele bisherige Grundlagen der Naturwissenschaft ihre Tragfähigkeit verlieren und völlig neue Sichtweisen auf die Gesamtwirklichkeit dieser Welt sich durchsetzen. Vieles von dem, was um 1900 gegolten hat und als sicher galt, ist überholt, und wir fangen heute an, völlig neu über die erforschbare Welt und die Grenzen ihrer Erforschbarkeit nachzudenken. Und dabei rücken uns das »Diesseits« und das »Jenseits« in ein ganz anderes Verhältnis zueinander als bisher.

Es ist hier weder Ort noch Raum, diesem Wandel der Weltsicht in den letzten Jahrzehnten konkret und detailliert nachzugehen. Hier ist im Augenblick nur wichtig, was wir uns denn vorstellen, wenn wir von einem Diesseits und einem Jenseits reden. Herkömmlicherweise stellen wir uns eine »andere Welt« vor, die sich von der unseren sehr grundsätzlich unterscheidet, wenn wir »Jenseits« sagen. In ihr gibt es Dinge und Wesen und Mächte, die in unserem »Diesseits« nicht vorkommen. Es ist alles »geistiger«, es ist alles irgendwie anders. Es gibt dort einen Gott, der hier nicht vorkommt; es mag Engel geben, es mag dort einen Ort der Seligen geben und einen Ort der Verdammten. Der Tod aber bringt den Ortswechsel von dieser in die jenseitige Welt. Gibt es also zwei getrennte Welten?

Gehen wir von der Wortbedeutung von »diesseits« und »jenseits« aus: Offenbar gibt es eine Grenze, diesseits derer etwas ist und jenseits derer wir etwas vermuten. Die beiden Worte bedeuten: Ich stehe hier. Ich sehe ein Stück weit. Dann entzieht sich mir, was noch folgt. Es ist jenseits meiner Sinneswahrnehmung und meines Denkvermögens. Es sind also zwei Wörter, die mehr mit mir, dem Schauenden, zu tun haben als mit der Welt selbst.

Ich stehe vor einer Mauer. Ich sehe bis zu ihr hin. Was auf der anderen Seite der Mauer ist, sehe ich nicht. Aber bedeutet das, dass jenseits der Mauer eine andere Art von Welt beginnt? Ich stehe vor einem Haus. Ich sehe seine Vorderseite. Die Rückseite sehe ich nicht. Aber bedeutet dies, dass der hintere Teil des Hauses nicht mehr zum Haus gehört? Nein. Gehe ich um das Haus herum, so sehe ich: Es ist dasselbe Haus. Ein ganz normales.

Ich muss hier zwei Fremdwörter gebrauchen, obwohl ich sehr ungern mit Fremdwörtern rede. Es gibt zwei verschiedene Weisen, in denen ich über meine Welt nachdenken kann. Ich kann mich fragen: Wie ist die Welt gebaut? Wie ist sie konstruiert? Ich denke über das Sein der Welt nach. Diese Weise zu denken nennen wir »ontologisch«. Ich kann mich aber auch fragen: Was erkenne ich von der Welt? Und mit welchen Mitteln denke ich? Und wo hört mein Erkennen auf? Ich denke von meinem Erkenntnisvermögen aus. Diese Weise zu denken nennen wir »erkenntnistheoretisch« oder »noëtisch«. Wenn ich nun sagen soll, in welche dieser beiden Denkweisen die Wörter diesseits und

jenseits gehören, so ist mir klar: Sie gehören der noëti-
schen Denkweise an. Sie sagen nichts darüber aus, wie
die Welt gebaut sei. Sie sagen lediglich, wie weit mein
Erkennen reicht, und sie sagen, es gebe eine Grenze,
»jenseits« derer ich nichts mehr sehen, nichts mehr
erkennen, nichts mehr beurteilen kann. Wenn wir das
aber einmal verstanden haben, dann ändert sich unsere ganze Sicht der Welt grundlegend.

Einen mir befreundeten Kernphysiker habe ich einmal gefragt, wie viele Dimensionen es gebe. Er ant-
wortete: »Ich kann mir sechzehn denken, aber vielleicht auch fünfundzwanzig.« Wenn das in die Nähe
der Wahrheit käme, dann wäre es so, dass ich die
ersten vier Dimensionen kenne und bewohne: die
Länge, die Breite, die Höhe und als vierte Dimension
die Zeit. Schon die fünfte ist mir verschlossen und
unvorstellbar. Wenn es aber zum Beispiel sechzehn
Dimensionen geben sollte, dann wäre zwischen der
vierten, die ich kenne, und der fünften, die ich nicht
mehr verstehe, kein Gegensatz, so als beginne mit der
fünften eine andere Welt. Es liegt zwischen der vierten
und der fünften nur eben die Grenze meiner sinnli-
chen Wahrnehmung und entsprechend die meines
Verstehens und Urteilens. Die Welt also von der ersten
bis zur fünfundzwanzigsten Dimension ist eine. Sie
hängt in sich zusammen. Sie ist nicht geteilt, sondern
ein Ganzes. Ich aber bin ein Wesen, das sich nur in
einem Winkel dieser großen, ungeheuren, vielschich-
tigen Welt auskennt.

Wenn wir sterben und wenn an den geschilderten
Nahtod-Erfahrungen etwas Wahres ist, dann mag es
sein, dass wir danach unseren Horizont ausdehnen um
weitere zwei oder drei oder fünf Dimensionen. Wenn
ich dem aber weiter nachdenke, so will mir scheinen,

es könnten uns danach immer noch zehn oder mehr Dimensionen der Wirklichkeit verschlossen sein. Wir hätten damit immer noch nicht alle Rätsel dieser Welt erkannt. Wir verstünden das Geheimnis Gottes um einiges besser, aber längst nicht in allen Höhen und Tiefen. Was die aus der Nahtod-Erfahrung Zurückkehrenden berichten, ist unter anderem, ihnen seien plötzlich viele Fragen, an denen sie während ihres Lebens herumgedacht hätten, beantwortet und gelöst gewesen. Sieht so ein Hinzugewinnen einer anderen oder mehrerer anderer Dimensionen aus? Gewinnen wir neue sensorische Mittel, gewinnen wir Fähigkeiten, die uns hier abgehen?

Soll ich sagen, was mir daran wichtig ist? Dass es offenbar nicht darum geht, sich aus dieser Welt hinauszuwünschen in eine andere; nicht darum, diese Erde zu verlassen, sondern vielleicht darum, eine Weitung der Welt zu erleben. Wenn die Welt eine ist, wenn sie zusammenhängt zwischen hier und dort, wenn Gott also keineswegs nur die andere Welt bewohnt, wenn die Engel, falls es sie gibt, nicht nur dort leben und wirken, sondern vielleicht überall, wie Gott überall ist und wirkt, dann verändert sich mir auch der Sinn meines Sterbens und meines Todes. Dann betrete ich nicht eine Welt von leiblosen, nur halb wirklichen Flatterwesen, sondern einen mit meiner hiesigen Welt dicht zusammenhängenden größeren Raum, in dem gilt, was hier gegolten hat, in dem wir aber der Wahrheit dieser Welt näher kommen. Wir dürfen also gespannt sein, was uns von den Rätseln, die unser schmales Denkvermögen nicht lösen kann, plötzlich klar werden wird. Was wir von uns selbst besser verstehen, was wir besser verstehen vom Sinn unseres Lebens in diesem kleinen Weltausschnitt und darüber hinaus.

Wir gehen also nicht hinüber in eine andersartige Welt, sondern betreten ein größeres Stück vom Ganzen. Wir können auch sagen: Die Zeit ist ein Erker am Haus der Ewigkeit. Ich bin aber der Erfahrung des Teilweisen, des Partiellen, des Zufälligen, des Begrenzten, des in Gegensätze und Pole Auseinanderfallenden an meinem hiesigen Dasein oft sehr müde und sehne mich nach dem Ganzen. Ich suche den einen Gott dieser und der größeren Welt, nicht den nur in Gegensätzen Fassbaren. Nicht den Gepolten, der meinem Nachdenken in diesem Leben notorisch begegnet. Ich suche das eine Dasein, nicht das zerrissene, fragwürdige. Ich suche nach dem einen Menschen in mir, nicht dem gespaltenen, dem nicht in seine lichten Augenblicke und seine Dunkelheiten und Rätselhaftigkeiten geteilten. Ich sage: »Dein, Gott, dein ist das Reich und die Kraft und die Herrlichkeit.« Und dein ist diese große Welt mit allem, was ich nicht sehe und nicht verstehe. Du sagst aber, es würden mir eines Tages die Augen aufgehen.

Ich möchte endlich, wie Rainer Maria Rilke einmal sagt, »das Erlöstsein antreten«.

20

Wie weit reichen Raum und Zeit?

Die Zeit – was das ist, wissen wir auf keine Weise – ist die Art, wie wir unsere beschränkte Welt erleben. Alles muss zeitlich hintereinander geschehen, sonst verstehen wir nichts. Nun berichten aber die Zurückgekehrten von einer Art von »Gleichzeitigkeit«, in der sie hier und dort sein konnten.

Wir erleben unsere Welt als »Raum«. Alles muss räumlich nebeneinander und hintereinander geordnet sein, sonst verstehen wir nichts. Nun berichten die Zurückgekehrten von einer Schwerelosigkeit, die ihnen erlaubt hätte, nach allen Seiten hin mühelos beweglich zu sein. Und sie beklagen, dass sie bei ihrer Rückkehr wieder in die Enge ihrer vorigen Welt zurückgezwungen und in die Enge ihres hiesigen Menschenlebens zurückgepresst worden seien.

Es scheint so zu sein, dass Zeit und Raum die Mittel sind, mit denen unsere Sinnesorgane und unser Verstand unsere Welt übersichtlicher machen, verstehbarer, dass aber ganz unsicher ist, ob es zum Beispiel etwas wie »Zeit« objektiv gibt. Wie steht es denn mit der Zeit?

Die Vorstellungen, wie die Welt räumlich gebaut sei, haben sich in den letzten zweitausend Jahren erheblich gewandelt. Wir stellen uns den Himmel nicht mehr als den unendlichen Raum über der Lufthülle unserer Erde vor. So auch hat sich die Vorstellung von der Zeit geändert. Was die Vorstellungen der Bibel betrifft, so verrät das Wort »Ewigkeit« diesen Wandel.

Wenn etwa das Alte Testament von Ewigkeit spricht, gebraucht es das hebräische Wort »olam«. Was das Neue Testament »Ewigkeit« nennt, sagt es mit dem Wort »aion«. Nun mag uns überraschen, dass beide Worte, olam und aion, oft auch in der Mehrzahl gebraucht werden. So sagt der Beter des Alten Testaments:

»Gelobt sei der Herr, der Gott Israels,
von Ewigkeit zu Ewigkeit.«

1. Chronik 16,36 (und öfter)

Oder der 90. Psalm in seinen beiden ersten Versen:

»Herr Gott, du bist unsere Zuflucht
von Geschlecht zu Geschlecht.
Ehe die Berge wurden
und die Erde und die Welt geschaffen wurden,
bist du, Gott, von Ewigkeit zu Ewigkeit.«

Oder Psalm 103,17:

»Die Gnade des Herrn währt
von Ewigkeit zu Ewigkeit über denen,
die ihn fürchten.«

Das Neue Testament spricht ebenso, beispielsweise im 1. Petrusbrief:
»Ihm sei die Macht von Ewigkeit zu Ewigkeit.«

1. Petrus 5,11

Oder Offenbarung 1,18:

»Ich war tot und siehe,
ich bin lebendig von Ewigkeit zu Ewigkeit.«

Gibt es also mehrere Ewigkeiten? Oder vielleicht unendlich viele? Es ist wahrscheinlich. Für die alte Welt, auch die griechische, war »Ewigkeit« ein Zeitzyklus, der einen Anfang hatte und sich am Ende abschließend rundete. Solche Weltzyklen folgten einander so, dass ein jeweils neuer noch in dem alten ansetzte, dann aber über ihn hinausführte in eine neue Zukunft, bis er sich wieder rundete.

Für die Bibel ist das ein nicht genau zutreffendes Bild. Die Bibel stellt sich weder Zeit noch Ewigkeit zyklisch vor. Wenn ich schildern soll, wie sich beides in der Bibel wirklich darstellt, so habe ich Mühe, ein genaues Bild zu finden. Ich kann es mir so vorstellen, wie ein Regenbogen abends im Norden einsetzt, sich in seinem großen Bogen erhebt und im Süden wieder auf die Erde zurückkehrt. Ich stelle mir dann vor, die Ewigkeiten folgten einander so, dass zum Ende eines solchen Zeitbogens hin, ehe er die Erde wieder erreicht, sich ein neuer Bogen erhebt und über den zu Ende gegangenen hinausführt, bis auch er wieder sein Ende erreicht.

Ich könnte auch versuchen, es so zu sagen: Ich werfe einen Ball in die Luft, er kehrt irgendwo wieder zur Erde zurück und springt wieder in einem neuen Bogen hoch, und das so lange immer wieder, bis die Energie, die ich ihm mitgegeben habe, aufgebraucht ist.

Wenn ich also von Gott sage, er lebe »von Ewigkeit zu Ewigkeit«, so meine ich, er überdauere den Wechsel der Weltepochen. Der Ablauf der Geschichte ist also linear im Gegensatz zum übrigen antiken Denken, für das die Weltgeschichte in Zyklen verläuft.

So können wir auch Paulus besser verstehen, wenn er sagt: »Als die Zeit vollendet war, sandte Gott seinen Sohn« (Galater 4,4). Er meint: Als der alte Weltbogen zu seinem Ende kam, der noch ohne Christus ablaufen sollte. Oder wir verstehen, wenn er sagt: »Das ist uns zur Warnung geschrieben, auf die das Ende der Äonen gekommen ist« (1. Korinther 10,11). Und wir verstehen auch besser, was es auf sich hat mit der – nach unserer Auffassung irrigen – Naherwartung, in der Jesus gelebt hat. Das »Ende«, auf das die Menschen jener Zeit hinblickten, war der Neubeginn einer Weltepoche. Und wir verstehen so auch besser, was Paulus meint, wenn er davon spricht, es überschnitten sich während seiner Lebenszeit zwei Äonen, ein alter und ein neuer. Er sagt, wir lebten noch im alten, aber wir sollten nach der Weise und nach den Regeln des neuen leben. In der alten Ewigkeit zwar, aber nach dem Maß der neuen, kommenden. Er meint, wir sollten mitten in den Bedingungen und Bedingtheiten des alten Äon Anteil gewinnen am neuen Äon, der inzwischen begonnen habe und sich mit der letzten Phase des alten überschneide, der aber dann weiter reiche in die Zukunft als der zu Ende gehende alte. Und wir lesen völlig neu, was Jesus den Seinen sagt: »Ich bin bei euch alle Tage bis zur Vollendung dieses Äons« (Matthäus 28,20).

Die Vorstellung von der Zeit, sie laufe in Kreisen oder Bögen, war der ganzen alten Welt unseres Kulturraums gemeinsam. Im Laufe der Jahrhunderte aber setzte sich – etwa bei Newton – eine neue Vorstellung durch, und sie hat die ganze Neuzeit beherrscht: nämlich die, die Zeit sei ein gerader Zeitpfeil, der sich aus einer unendlichen Vergangenheit in eine unendliche Zukunft bewege. Die Zeit sei ein allgemein gültiges, objektives Geschehen, messbar und verlässlich.

Zugleich aber setzte sich – etwa bei Kant – die Vorstellung durch, die Zeit sei zwar objektiv, berechenbar

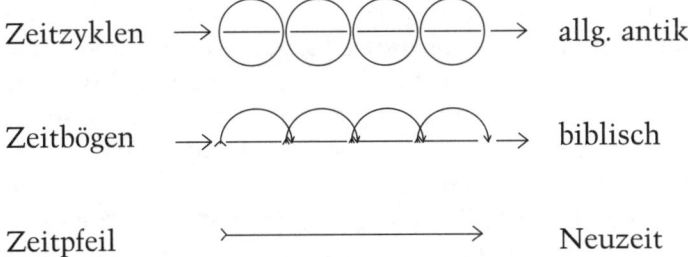

Zeitzyklen		allg. antik
Zeitbögen		biblisch
Zeitpfeil		Neuzeit

und gültig, aber sie sei nur die Weise, wie wir Menschen das Geschehen in der Welt für unseren Verstand ordnen. Da aber unser Verstand sich nicht vorstellen kann, die Zeit habe einen Anfang und ein Ende, so wurde sie nach vorwärts und nach rückwärts »unendlich«.

In unserer heutigen Zeit – ich deute das nur an – wurde festgestellt, die Zeit verlaufe keineswegs in allen Fällen gleichförmig und berechenbar. Es wird sehr in Frage gestellt, ob die Zeit überhaupt etwas objektiv Gegebenes sei, ob sie nicht vielleicht doch einen Anfang habe und vielleicht auch irgendein Ende. Ich übergehe das hier.

Ich will aber ein Beispiel nennen, an dem uns deutlich werden kann, wie falsch unser Nachdenken wird, wenn wir mit unseren heutigen Zeitvorstellungen an die Zeit- und Ewigkeitsaussagen der Bibel herangehen: Wir sprechen vom »ewigen Leben«, von der »ewigen Seligkeit« oder von der »ewigen Verdammnis«. Und wir stellen uns natürlicherweise vor, dies gelte im Sinn der Zeitvorstellung der Neuzeit, nach der »Ewigkeit« gleichbedeutend sei mit »unendlicher Zeit« oder auch mit »ewigem Stillstand«. Wir stellen uns also etwas vor wie eine unendlich lange Dauer.

An dieser Stelle gelangen wir an einen Punkt, an dem eine der schwierigsten Fragen vor uns steht. Die Frage, ob, wenn die Bibel schon nicht von Ewigkeit spricht im Sinne einer endlosen Zeit und auch nicht im Sinne eines Kreisens der Zeit, sondern von nacheinander verlaufenden Zeitbögen, damit der Gedanke an irgendeine Endgültigkeit nicht ausgeschieden sei. Ob damit nicht gesagt sei, der Einzige, der »von Äon zu Äon« bleibe, unverändert, unwandelbar, sei Gott selbst. Alles andere sei – vermutlich – an den Ablauf der Äonen gebunden.

Damit sage ich nicht, wir müssten uns das Denken der Bibel und der alten Welt in »Äonen« aneignen, wohl aber, wir müssten, was die Bibel sagt, so verstehen, wie es gemeint ist. Gilt aber die Sichtweise der Bibel, dann kann es, wie schon gesagt, einfach um der Vorstellung der Bibel von Zeit und Ewigkeit willen keine »ewige« Verdammnis geben und auch keine ewige kosmische Gegenmacht gegen Gott. Dann ist »ewig« allein Gott selbst.

Aber was heißt es denn, wenn Matthäus 18,8 vom »ewigen Feuer« die Rede ist? Doch wohl (nach dem Wort »aionion«) soviel wie »äonenlang« oder »einen Äon lang«. Oder was heißt es, wenn vom »ewigen Leben« die Rede ist? Heißt es nicht: ein Leben im kommenden Äon, der kommenden Weltzeit, und keineswegs ein Leben in einer unendlich langen Zeit? Damit aber scheint für die Vorstellungsweise der biblischen Zeugen »Ewigkeit« ein sich dramatisch entwickelnder Zeitbogen zu sein, der selbst wieder ein Ende hat und aus dessen Ende wieder ein neuer, anderer Zeitbogen herausspringt. Das heißt: Ewigkeit ist ein Zeitrahmen für ein Geschehen, das von einem Ausgangspunkt auf ein Ziel zuläuft, bis es von einem neuen Anfang und einem neuen Geschehen abgelöst wird. Es vollzieht sich also mehr und anderes als die ewige Langeweile, die den »Postmeister im Himmel« von Ludwig Thoma bei seinem ewigen Hallelujasingen überfällt. So gewiss – nach Auffassung der Zeitgenossen der Bibel – dieser Äon voll ist von dramatischem Geschehen, so gewiss wird es auch der kommende sein.

Das Evangelium sagt, es gebe Neuanfänge in der großen Welt Gottes, und die Liebe Gottes reiche von einem Neuanfang hinüber zum nächsten. Auferstehung aber versteht es als den Eintritt in einen neuen, uns Menschen nun offen stehenden Äon.

Das Ende unserer menschlichen Vorstellungen vom Raum und von der Zeit verbietet uns, sowohl ewige Seligkeit als auch ewige Verdammnis als unendlich weiter laufende Zeit zu denken. Was aber Ewigkeit wirklich ist – unabhängig von den Zeitvorstellungen der alten Welt ebenso wie von den unseren –, können wir auf keine Weise wissen.

Das alles aber bedeutet, dass die »Toten« nicht in einer anderen Welt leben, sondern in der unseren, nur in einer anderen Dimension dieser Welt. Dass die Wände dünn sind, dass es Verbindungen zu den Toten immer wieder gegeben hat und sie durchaus keine Erfindung phantasiebegabter oder geistig kranker Menschen zu sein brauchen. Dass es Visionen gibt von Zusammenhängen, die uns rätselhaft sind. Dass es Erscheinungen geben kann, wie es sie immer gegeben hat. Es bedeutet, dass Gott nicht nur jenseitig zu denken ist, sondern konkret diesseitig. Dass es kein Widerspruch ist, zu sagen: Gott ist der ganz andere, der uns Unzugängliche, der Heilige im ungeheuren Abstand, und zu sagen: Gott ist unendlich nah. Er ist in mir selbst gegenwärtig. Er hört meine Gedanken. Nichts ist mir näher als Gott. Das »Diesseits« und das »Jenseits« rücken ineinander und werden praktisch ununterscheidbar. Das Jenseits ist unser Lebensraum ebenso wie das, was wir das Diesseits nennen. Und dann ist das Gottesreich nicht das Jenseits des Diesseits, sondern das Diesseits des Jenseits.

Was heißt dann Auferstehung? Auferstehung heißt: hindurchtreten durch die Grenze zwischen hier und dort. Es heißt, Abschied nehmen von den Sinnesorganen, die uns hier die Enge der Welt vorspiegeln. Abschied auch von der Enge unserer verstandlichen Mittel. Es heißt, als Person in eine erweiterte Wirklichkeit einzutreten, vermutlich auch, neuen Herausforderungen zu begegnen, eine neue Wirkungsweise einzuüben und neuen Gemeinschaften anzugehören.

Freilich: Dies alles vermute ich. Ich weiß es nicht. Aber ich gründe solche Vermutungen auf die Erfahrung, die ich in dieser meiner Welt machen konnte, und auf die Aussagen des Evangeliums zugleich. Und ich gehe meinen Weg in die größere Welt mit dem Vertrauen, das Jesus Christus in mir geweckt hat, und in der Dankbarkeit für dieses gewesene, geschehene Leben in der wunderbaren Welt dieser kleinen vier Dimensionen.

Eine offene Tür

21

Die Bildersprache der Hoffnung

Was wird denn mit uns geschehen, wenn wir durch die Tür des Todes geführt worden sind? Was wird uns begegnen? Kann man es beschreiben? Nein. Wenn wir es genau nehmen, so wissen wir nichts. Wir vertrauen. Wir glauben. Und was wir glauben, können wir einander nur schwer vorzeigen. Aber nun gilt auch hier, was überall in unserem Leben gilt: Was wir nicht erklären und vorzeigen können, das drücken wir in Bildern aus. Und so ist alles, was die Menschheit je über das Leben auf der anderen Seite sagen konnte, ein einziges buntes Bilderbuch, ein kindliches und kindgemäßes.

Das »Bild« ist überall, wo wir über die Welt unserer Sinne und unseres schmalen Verstandes hinausdenken, die Weise, in der uns Wahrheit begegnen kann, und die Weise, wie wir die geschaute und geahnte Wahrheit einander zeigen können.

»Ich habe zu euch in Bildern geredet«, sagt der abschiednehmende Jesus zu seinen Freunden. Und so hat er wirklich geredet: in Hinweisen und Andeutungen. So sprach er von einer Einladung zu einem festlichen Mahl, die ein König ausspricht. Von einer Hochzeit. Von einem erlösenden Ankommen vor der Tür eines Vaterhauses. Von einer Heimkehr aus der Fremde. Von einem neuen Auftrag. Von einem Zusammenhang zwischen ihm und den Seinen, der dem Leben einer Rebe gleicht, die an einem Weinstock angewachsen ist, und vielen anderen. Alles, was Jesus über die andere Welt sagte, war in ein Bild oder eine Szene aus unserem hiesigen Dasein gekleidet.

Aber auch unsere eigene Sprache ist voller Bilder. Wir sehen über uns die Bläue des Himmels: So lichtvoll, so schön, so unerreichbar groß wird die Welt sein, die wir nach unserem Tode betreten. Also reden wir vom »Himmel«. Aber was meint dieses Wort? Es meint den Ort Gottes und das Licht, in dem er wohnt. Da Gott überall ist, ohne dass er zu fassen wäre, ist »Himmel« ein Ausdruck nicht nur für seine Unzugänglichkeit, sondern auch für seine universale Nähe. »In den Himmel kommen« heißt also: Gottes Nähe schauen. In ihn heimkehren.

Himmel ist die große Offenheit, in der wir leben werden, ohne Angst und ohne die Last von Schuld und Anklage. Wir wissen nicht, wie es »im Himmel« aussieht. Aber unsere Welt wird größer sein. Ein anderes Licht wird über ihr liegen, und unser Weg wird noch einmal anfangen. Es gibt auch sonst die Erfahrung, dass, wenn in diesem Leben eine Tür sich schließt, eine andere sich öffnet. Und wenn die Türen, durch die wir hier gegangen sind, sich schließen, eine nach der anderen, dann werden sich die Wände auflösen, in denen die Türen sich gedreht haben. Und ich bin glücklich, dass mir immer wieder Zeichen gegeben worden sind, dass es so ist.

Von »Seligkeit« ist die Rede. Selig, das heißt glücklich, sind, sagt Jesus, die, die während ihres Lebens auf der Erde in Übereinstimmung mit ihrem Menschenauftrag gelebt haben. Selig die Armen, das heißt die, die wissen, dass sie nichts aus sich selbst haben, sondern alles einer segnenden Güte verdanken. Selig, die zu leiden haben, sie werden ihrem Leid enthoben sein. Selig die Friedensstifter, die Verfolgten und so weiter.

Sie werden nicht das harmlose Kinderlächeln barocker Engelchen auf ihrem Gesicht tragen, sondern das Wissen um das überwundene Schreckliche, das Ende des Ängstigenden. Ihre Seligkeit wird darin bestehen, dass sie in der Nähe Gottes bewahrt sind.

Von »ewiger Ruhe« sprechen wir, und das ist für viele müde, abgekämpfte, über die Grenzen ihrer Kräfte hinaus leidende Menschen ein wirkliches, ein erlösendes Zukunftsbild. Ich verstehe wohl, dass viele in ihren Tod gehen mit dem Wunsch, nur noch Ruhe zu finden. Aber ich kann mir nicht denken, wir brauchten eine Ewigkeit, um unsere Müdigkeit auszuschlafen. Ich kann mir nicht vorstellen, es erwarte uns nach diesem Leben eine ewige Sofaeckenruhe. Die Begegnung mit Gott dürfte eine ungeheure, eine atemberaubende Erfahrung sein, ein bewegendes Schauen und ein Eintauchen in einen Strom von Kraft und ein Meer von Licht.

Jesus erzählt einmal von jenem reichen Mann, der, als er auf eine lange Reise ging, seinen drei Dienern bestimmte Geldbeträge übergab, mit denen sie inzwischen Gewinn bringend arbeiten sollten. Als er zurückkam, rechnete er mit ihnen ab, und zu zweien, die sinnvoll gewirtschaftet hatten, sagte er: Ihr seid mit wenigem gut umgegangen. Ich will euch viel anvertrauen. Ich will euch »über viel setzen«. Er deutet also neue Aufträge mit großer Verantwortung an. Jesus deutet es nicht genauer; aber von himmlischer Ruhe ist nicht die Rede.

Das erscheint mir auch durchaus sinnvoll. Seit die Welt besteht, hat es noch keinen Augenblick gegeben, in dem alles ruhte. In dem alles so blieb, wie es war. Es geht durch die Weltentwicklung eine ungeheure Dynamik, in der sich alles ändert, alles seine Kräfte ausspielt, in der die Lebewesen ständig ihre Gestalt ändern, in der die Sterne entstehen und vergehen, die schwarzen Löcher sich mit Sternen vollsaugen, die einmal ihr eigenes Sein hatten und sich aus den ungeheuren Gas- und Staubwolken des Universums gebildet hatten. Kein Tag auf unserer Erde verläuft wie der vorige. Ich denke mir: Wenn die Vorstellungen, die ich mir auf dieser Erde mache, sich verflüchtigt haben werden und sich mir ganz andere Dimensionen der Wirklichkeit öffnen, werden auch diese von der unerhörten Dynamik erfüllt sein, die der Schöpfer in sie hineingegeben hat. Ich werde anders sein, ich werde anders leben. Ich werde andere Möglichkeiten haben, andere Aufgaben, andere Kräfte. Aber dass ich irgendwo herumliegen und ruhen würde, das erschiene mir absurd.

Ich bin natürlich kein Hellseher. Aber was wir hier als die Grundgesetze der Schöpfung kennen gelernt haben, dürfte so weit nicht von denen entfernt sein, die wir kennen lernen werden, wenn wir in dieser Schöpfung das Zimmer wechseln. Und dies Einfache können wir heute, da wir nicht mehr der Meinung sind, unser Verstand erfasse die Wirklichkeit in ihrer Gänze, wieder verstehen: Wir kommen irgendwo her. Wir gehen irgendwo hin. Wir kommen zur Welt. Wir leben. Wir sterben. Wir erwachen. Wir finden neben neuen Kräften einen neuen Auftrag vor.

Wir reden von »ewigem Leben«. Was kann denn in der anderen Welt Leben sein, Lebendigkeit, Lebenswille, Lebensfreude, Lebenskraft? Wenn ich Jesus zuhöre, dann sagt er mir: Du musst nicht bleiben, was und wie du bist. Du kannst dich dehnen. Du kannst dich weiten. Aus deiner kleinen Zeit in eine große Zukunft.

Aus dem engen Umkreis deines Lebens in das Gottesreich. Dehne dich schon hier. Maure dich nicht ein.
Du wirst eines Tages Bürger einer größeren Wirklichkeit sein. Wenn du nicht weißt, was du tun sollst,
dann tu etwas, durch das dein innerer Mensch an Format gewinnt. Du wirst erkennen, dass du mehr
kannst, als du bislang meintest. Dass du Kräfte hast,
die du noch nicht kanntest. Und du wirst überwältigt
sein von der Schönheit, der Lebenskraft und Lebensfülle, die dich und alle in Gottes Reich beglücken und
erfüllen werden.

Wir reden von »Auferstehen«, obwohl bei dem, was
nach unserem Tode daliegen wird, unserem Körper, an
ein »Aufstehen« nicht zu denken ist. In der Apostelgeschichte des Lukas heißt Christus auch »der Vorausgänger«. Der »Bahnbrecher«, so 3,15. Oder 5,31:
»Ihn hat Gott als Vorausgänger eingesetzt.« Er ist also
der, der als »Auferstandener« uns zu einem Leben in
jenem größeren Rahmen aufrichtet und uns voraus-
geht dorthin. Von uns aber ist verlangt, wach zu sein,
»auferweckt«. Wir müssen hören, was uns der
zuspricht, der uns aufweckt. Wir müssen schauen, was
wir hier mit unseren schlichten Augen nicht wahrnehmen. Wir brauchen jene Sensibilität für die wirklich großen Dinge, die man in herkömmlicher Sprache
»Glauben« nennt.

Jesus erzählt immer wieder von einem himmlischen
Mahl oder von einer Hochzeit. Von jungen Mädchen,
die vor der Tür zum Festsaal stehen und auf Einlass
warten. Die Hochzeit ist schon in sehr frühen Religionen ein Bild gewesen für das Ende von Trennung, von
Einsamkeit, für das Ende aller Gegensätze und die Ver-
einigung aller Dinge in Gott. Du wirst, sagt Jesus
damit, in Gottes Reich erleben, wie alle Widersprüche,

unter denen du in dieser Welt gelitten hast, sich auflösen und alles, was in diesem Leben nicht zu vereinen war, in eins zusammenkommt. Dass es seine Rätsel verliert und klar wird, durchscheinend und selbstverständlich.

Er erzählt auch Geschichten wie die vom armen Lazarus, bei denen Menschen, die in diesem Leben miteinander zu tun hatten, sich drüben wiederbegegnen. Wie weit reicht dieser Gedanke bei Jesus? Kommt er überhaupt ins Spiel, oder hat die Geschichte anderswo ihre Spitze? Werden wir, wie viele fragen, den Menschen wiederbegegnen, die wir einmal geliebt haben? Ich weiß darüber nichts. Aber es ist eine der brennenden Fragen, die vielen auf dem Herzen liegt, wenn ihnen ein geliebter Mensch stirbt oder wenn sie selbst sterben. Solche Fragen als naiv zu bezeichnen oder als egozentrisches Verlangen abzutun geht wohl nicht an. Und die forsche Antwort von Karl Barth auf eine solche Frage: »Unsere Lieben werden wir wieder sehen, aber die anderen auch«, mag uns amüsieren; wirkliche Auskunft kann sie wohl nicht sein.

Martin Luther schrieb an seinen sterbenden Vater: »... dass wir uns ... fröhlich wiederum sehen mögen. Denn unser Glaube ist gewiss, und wir zweifeln nicht, dass wir uns bei Christus wiederum sehen werden in kurzem; vor allem, weil der Abschied von diesem Leben vor Gott viel geringer ist, denn ob ich von Mansfeld hierher von euch oder ihr von Wittemberg gen Mansfeld von mir zöget. Das ist gewiss wahr, es ist um ein Stündlein Schlafs zu tun, so wird's anders werden.«

Und vielleicht hören wir dem Geschichtenerzähler Johann Peter Hebel zu, dem alemannischen Dichter, wenn er schildert, wie eine alte Frau, der in jungen Jahren der Bräutigam im Bergwerk umkam, nach fünfzig Jahren erlebte, dass man ihn wieder fand. Man legte ihn in einen Sarg und trug ihn auf den Friedhof. Die Frau legte ihr Sonntagsgewand an, als wäre ihr Hochzeitstag, und sagte am Grab: »Schlafe nun wohl, noch einen Tag oder zehn im kühlen Hochzeitsbett und lass dir die Zeit nicht lang werden. Ich habe nur noch wenig zu tun und komme bald und bald wird's wieder Tag. Was die Erde einmal wiedergegeben hat, wird sie zum zweiten Male auch nicht behalten.«

Wenn gilt, dass Gott Liebe ist, und wenn, wie wir folgern dürfen, die Liebe der einzige und wirkliche Sinn unseres Lebens ist, dann endet Liebe nicht mit dem Tag des Todes, dann werden Begegnungen, unvorstellbare, durchaus nicht nur Hoffnungen oder Wünsche bleiben müssen. Wie das aber zugehen mag, das überlassen wir dem Tag, an dem wir es erleben werden.

Und noch ein Bild: Ich erlebe mein zu Ende gehendes Leben so, als stünde ich am frühen Morgen im ersten Licht in einem Boot. Das Evangelium erzählt, die Jünger Jesu seien nach dem Tode Jesu an den See in Galiläa zurückgekehrt und hätten wieder angefangen, als Fischer zu arbeiten. Als sie einmal nach einer arbeitsreichen Nacht im ersten Licht auf das Ufer zugefahren seien, hätten sie Jesus am Ufer stehen sehen und seien auf ihn zugefahren. »Als es nun Morgen war, stand Jesus am Ufer«, sagt das Evangelium, und das ist eines der behutsamsten und schönsten Bilder von unserer Auferstehung.

Wer so im Boot steht, kann den Mut fassen, nicht mehr nur das alte Lied von der Sorge zu singen, die ihn in dieser Welt umgriffen hält, sondern ein neues, das von der Dankbarkeit. Er fasst den Mut, ins Wasser auszusteigen und ans Ufer zu treten, und weiß, dass hier sein Weg noch einmal beginnt. Er lässt sich führen von den Bildern, die er hier geträumt hat, über das Wasser des Todes hinaus, dorthin, wo sie sich erfüllen und sich am Ende zeigt, was mit seinem ganzen Leben eigentlich gemeint war. Und er wird versuchen, irgendeinen Verzagten neben sich mitzunehmen in seine Hoffnung.

Unser Leben ist keine graue Sackgasse mit nachtschwarzem Ende. Im Gegenteil. Dort, wo wir die dunkelste Stelle passieren, bricht das Licht auf. Unser Leben ist ein Gehen aus dem Dunkel ins Licht, aus dem Licht ins Dunkel und wieder und wieder von einem ins andere, und am Ende ein Gehen ins Licht. Dort, wo sich der Sinn des Ganzen offenbart, malt die Bibel Bilder aus Licht. Aus Feuer. Aus Kristall. Aus durchsichtigem Gold. Und die, die aus der Nahtod-Erfahrung zurückkehren, berichten von dem großen Licht, und sie sehnen sich dorthin zurück. Ich möchte das nach einer Reihe von Jahrzehnten, in denen man in unserer Kirche mit diesen Bildern so ängstlich umgegangen ist, einmal wieder in aller Einfachheit so stehen lassen.

22

Das große Licht

Ich lebe, und ihr sollt auch leben«, höre ich Jesus sagen. Über alles hinaus, was ich verstehe oder nicht verstehe, danke ich ihm für dieses Wort.

Wenn ich eines Tages weiß, dass mein Tod nah bevorsteht, dann wünsche ich mir, dass mich irgendjemand noch einmal in meine heimatlichen Berge fährt, hinauf auf die Schwäbische Alb, auf irgendeinen Felsen an ihrem Steilrand wie dem, von dem aus ich als Kind ins Land hinausgeträumt habe. Von dem aus ich das große Licht zum ersten Mal sah. Und ich wünsche mir, dass ich dort noch einmal für mein wunderbares Leben in dieser großen und schönen Welt danken kann, die ich so sehr geliebt habe, und dass ich noch einmal und endgültig das Vorgefühl gewinne von der großen Weite, in die ich hinübergehe. Ich weiß, das sind Wünsche. Es könnte auch sein, dass alles viel enger zugehen wird und viel ängstlicher. Aber die Weite der Welt Gottes wird mir, so hoffe ich, auch in einem engen Sterbezimmer vor der Seele stehen.

Einen zweiten Wunsch habe ich, der noch wichtiger ist als der erste: Ich möchte bei klarem Bewusstsein sterben. Ich möchte bei meinem Tod noch dabei sein. Ich möchte noch ein Wort sagen können zu den Menschen, die mit mir verbunden waren. Ich fände es schön, könnte ich jedem meiner Kinder und Enkel noch etwas sagen über seinen weiteren Weg, und ich könnte meiner Frau danken für die mehr als fünfzig schönen und reichen Jahre und ihr sagen, dass unsere

Verbundenheit mit dem Tod nicht endet. Vor allem: Ich möchte es hören, wenn jemand über mir einen Reisesegen spricht. Etwa den: »Gott behüte dich. Er behüte deine Seele. Er behüte deinen Ausgang und Eingang bis in Ewigkeit.«

Noch ist es nicht so weit. Noch liegen mir die Aufgaben dieses irdischen Lebens vor der Hand. Aber solange wir hier leben und atmen, kann von unserem Glauben und unserer Hoffnung schon für diese Erde etwas ausgehen.

Wir können hier schon tun, was nötig ist. Es kann Leben von uns ausgehen. Gerechtigkeit. Es kann Frieden entstehen um uns her. Es kann Trost von uns ausgehen und Freiheit. Mut für den kommenden Tag und Hoffnung für die Zukunft. Wir werden uns dem, das in dieser Welt geschieht, mit Entschiedenheit zuwenden. Wir werden unseren Glauben und unsere Einsicht einbringen, damit von dem Reich Gottes, auf das wir zuleben, etwas spürbar wird auf dieser Erde für die, die am wenigsten von ihm sehen, die Gerechtigkeit und Frieden am schrecklichsten vermissen.

Wir werden hinausdenken über die wirtschaftlichen Interessen unseres Landes. Wir werden hinausdenken über die politischen Ängste. Und wir werden auch hinausdenken über unsere Kirchen, unsere europäischen. Über unsere künstlichen Konfessionen, deren Zeit deutlich hinter uns liegt. Wir werden gemeinsam leben mit allen Christen in Ost und West, Nord und Süd. Mit allen Menschen dieser Erde. Und wir werden alle Grenzen, die man uns aufzwingen will, mit Gelassenheit überschreiten. Niemand hat uns Vorschriften zu machen. Wir sind freie Menschen. Wir sind berufen zu lieben. Sonst nichts. Wir sollen Lichter der Welt

sein. Lichter aus jenem großen Licht, auf das wir zugehen, Lichter aus der Liebe Gottes.

Und so sehe ich hinter dem Ende einen Anfang, und
der Anfang wird im Licht geschehen. Ich werde in eine
Wirklichkeit eintreten, die so wirklich ist wie diese
und wahrscheinlich unendlich wirklicher. Mit allem,
womit ich in diesem Leben meine Mühe hatte, womit
ich mein Versagen erlebte oder mein Leid getragen
habe, wird es gut sein. Wenn der Ton, auf den die Musik meines Lebens gestimmt war, verklingt, wird sich
eine andere, jene volle Musik der Freiheit erheben.

In seiner »Göttlichen Komödie« schildert Dante die
vollkommene, die himmlische Welt. Nach seinem
langen Weg durch die Hölle und die Zonen der Läuterung schildert er die himmlische Welt mit dem Bild
einer weltumspannenden Rose, die alles erfüllt und
die den erlösten Kosmos, dessen Mitte Gott ist, darstellt. Er will sagen: Ich schaue ein großes, alles umfas-
sendes, in sich vollkommenes Sein in Gott. Die Menschen haben ihren Ort in Gott, die Dinge dieser Welt,
ihre Kräfte und Gesetze, alles ist in Gott; wie die vielen Blätter einer Rosenblüte um ihre Mitte gesammelt
sind, so sammelt sich alles, was ist, um Gott und wird
von ihm durchdrungen.

Angelo Roncalli – der spätere Papst Johannes XXIII.
– hat im Kriegsjahr 1942 in sein Tagebuch geschrieben:
»Vertrautheit mit dem Gedanken an den Tod trägt viel
dazu bei, unser Leben gelöst und voller Heiterkeit werden zu lassen.«

Überlegenheit eines wahrhaft christlichen Humors
spricht aus der Inschrift, die Benjamin Franklin, der
große amerikanische Politiker, auf seinen Grabstein
hat einmeißeln lassen:

»Hier liegt der Leib Benjamin Franklins,
eines Buchdruckers,
gleich dem Deckel eines alten Buches,
aus welchem der Inhalt herausgenommen
und der seiner Inschrift und Vergoldung beraubt ist,
eine Speise für die Würmer.
Doch wird das Werk selbst nicht verloren sein,
sondern, wie er glaubt, dermaleinst erscheinen
in einer neuen, schöneren Ausgabe,
durchgesehen und verbessert vom Verfasser.«

Und Ernesto Cardenal sagt: »Wir gehen nicht traurig
aus dieser Welt wie Menschen, die ins Exil gehen, sondern fröhlich, wie Vertriebene, die wieder nach Haus
können, wie Emigranten, die zurückkehren.« Wie
Wanderer also, die nach einem langen Weg zu Hause
sind.

Ein Lied will ich ans Ende stellen:

Wir stehen im Morgen. Aus Gott ein Schein
durchblitzt alle Gräber. Es bricht ein Stein.
Erstanden ist Christus, ein Tanz setzt ein.

Ein Tanz, der um Erde und Sonne kreist:
der Reigen des Christus voll Kraft und Geist.
Ein Tanz, der uns alle dem Tod entreißt.

An Ostern, o Tod, war das Weltgericht.
Wir lachen dir frei in dein Angstgesicht.
Wir lachen dich an – du bedrohst uns nicht.

Wir folgen dem Christus, der mit uns zieht,
stehn auf, wo der Tod und sein Werk geschieht,
im Aufstand erklingt unser Osterlied.

Am Ende durchziehn wir, von Angst befreit,
die düstere Pforte, zum Tanz bereit.
Du selbst gibst uns, Christus, das Festgeleit.

J. Z.

Und ein Gedicht von Sabine Nägeli, das leiser spricht:

»Mehr nicht.

Eine Kerze ins Fenster stellen
bei Anbruch der Nacht.
Die Läden nicht schließen,
die Türen nur anlehnen,
dass der Morgen
dich findet.«

Antje Sabine Nägeli aus: Lass meine Seele aufatmen, Verlag am Eschbach 1992

2 3 4 5   03 02 01

© Kreuz Verlag GmbH & Co. KG Stuttgart 1999
Postfach 80 06 69, 70506 Stuttgart. Tel. 0711-788030
Ein Unternehmen der Dornier Medienholding GmbH.
Umschlaggestaltung: Jürgen Reichert, Stuttgart
Umschlagfoto: Jörg Zink
Satz: W. Röck, Weinsberg
Druck und Bindung: Clausen & Bosse, Leck
ISBN 3 7831 1696 1